Di Luciano De Crescenzo negli Oscar

Il caffè sospeso
Così parlò Bellavista
Croce e delizia
La distrazione
Le donne sono diverse
Il dubbio
Elena, Elena, amore mio
Fosse 'a Madonna!
Garibaldi era comunista
Gesù è nato a Napoli
I grandi miti greci
Nessuno
Non parlare, baciami
Oi dialogoi
Ordine e Disordine
Panta rei
I pensieri di Bellavista
Il pressappoco
Raffaele
Sembra ieri
Socrate
Socrate e compagnia bella
Stammi felice
Storia della filosofia
Storia della filosofia greca. I presocratici
Storia della filosofia greca. Da Socrate in poi
Storia della filosofia medioevale
Storia della filosofia moderna. Da Niccolò Cusano a Galileo Galilei
Storia della filosofia moderna. Da Cartesio a Kant
Tale e quale
Il tempo e la felicità
Ti porterà fortuna
Ti voglio bene assai
Tutti santi me compreso
Ulisse era un fico
I viaggi di Ulisse
(Elena, Elena, amore mio - Nessuno - Ulisse era un fico)
Vita di Luciano De Crescenzo scritta da lui medesimo
Zio Cardellino

LUCIANO DE CRESCENZO

IL CAFFÈ SOSPESO

Saggezza quotidiana in piccoli sorsi

05/06/2019

Todo cambia!
cambia la vita,
cambiamo noi.
I cambiamenti vanno vissuti
anche con filosofia,
... anche con filosofia napoletana.

I edizione I libri di Luciano De Crescenzo aprile 2008
I edizione Oscar Bestsellers maggio 2009

ISBN 978-88-04-67950-9

Questo volume è stato stampato
presso ELCOGRAF S.p.A.
Stabilimento - Cles (TN)
Stampato in Italia. Printed in Italy

oscarmondadori.it

Anno 2019 - Ristampa 11 12 13 14

librimondadori.it
anobii.com

Indice

Il caffè sospeso

Alcuni dei capitoli di questo libro sono il frutto della rielaborazione di articoli già pubblicati su quotidiani e periodici.

Premessa
ovvero il caffè sospeso

A Napoli, una volta, c'era una bella abitudine: quando una persona stava su di giri e prendeva un caffè al bar, invece di uno ne pagava due. Il secondo lo riservava al cliente che veniva subito dopo. Detto con altre parole, era un caffè offerto all'umanità. Poi, di tanto in tanto, c'era qualcuno che si affacciava alla porta del bar e chiedeva se c'era un "sospeso". Tutto questo era dovuto al fatto che erano più i clienti poveri che quelli ricchi. Oggi purtroppo non solo non esiste più chi paga un "sospeso" ma nemmeno chi è disposto ad accettarlo. Un giorno ho conosciuto un brav'uomo, bisognoso di fare amicizie, che di "sospesi" ne pagava addirittura cinque.

È per questo che chiedere un allineamento dei prezzi del caffè in Italia, a mio avviso, sarebbe un errore. Il caffè non è uguale a ogni latitudine: in primo luogo, è diverso come sapore, poi come quantità (un caffè del Nord, misurato in centilitri, è almeno il doppio di un caffè del Sud) e, infine, come funzione. Quando al di sopra della Linea Gotica si è giù di corda ci si aiuta con un grappino, a Napoli, invece, con un caffè, e per raggiungere il livello desiderato, credetemi, ce ne vogliono almeno tre, e di quelli buoni. Ma tre caffè al giorno costano quello che costano. Forse ce li dovrebbe passare la mutua.

Il caffè di Napoli è diverso da quello di Milano. È minimo come quantità e massimo come sapore. Provare per credere. E soprattutto non è solo un liquido scuro ma, come accennato, un mezzo per fare amicizia. Supponiamo che un giorno incontriate un amico a Napoli, in piazza dei Martiri. Il minimo che vi dovete aspettare è che vi dica: "Prendiamoci un caffè". Il che dalle mie parti equivale a dire "buon giorno".

Ora, però, paragoniamo il caffè di Napoli al caffè di Milano, se non, addirittura, a quello di Monaco di Baviera. Mentre quello tedesco scende, quello di Napoli sale e va a sistemarsi nelle vicinanze del cervello. Non a caso è poco più di un sorso.

Questi capitoli che seguono sono come piccoli sorsi di caffè napoletano: brevi, gustosi, ma capaci di salire nelle vicinanze del cervello e fargli un po' di sano solletico.

Scarpe spaiate

Un giorno mia nonna mi disse: «Nenni', queste sono le scarpe della buonanima del nonno, vendile e comprati qualcosa di utile». Io ne ricavai sette lire o settanta lire, la cifra adesso non me la ricordo bene, però il sette ci stava. Comunque ricordo benissimo il ciabattino a cui mi rivolsi per la vendita, il suo gesto di disprezzo verso le scarpe del nonno, il suo: «Sì, so' sane, ma è come se fossero rotte, non vedi che questa suola è sottile sottile? Ora basta una passeggiata per Toledo e poi le devi buttare!».

L'episodio diventa ancora più significativo se si tiene conto che la mia era una famiglia benestante, vivevamo di rendita. Vero è che a Napoli le scarpe non sono un bene di consumo bensì un bene patrimoniale. Voglio dire cioè che dalle mie parti un paio di scarpe viene generalmente usato fino alle sue estreme capacità di sopravvivenza. Una suola bucata, uno sgraffio sulla tomaia rappresentano solo temporanei contrattempi nella vita di una scarpa napoletana. Curata con affetto, lucidata con attenzione, riposta nelle stagioni contrarie con una adeguata imbottitura di carta di giornale, essa sverna fiduciosa di essere riutilizzata l'anno successivo.

Non sarà certo la moda a sconfiggere un rapporto affettuoso, direi intimo, tra proprietario e scarpa. Eppure, dal momento che nulla è eterno sulla faccia di questa terra, anche per la scarpa napoletana viene il giorno dell'addio. Cercatori di roba vecchia, cosiddetti *saponari*, girano infaticabilmente per le case dei borghesi e accade che quelle scarpe già utilizzate e risuolate più volte, testimoni mute di momenti tristi e felici, si stacchino dalla casa natia per iniziare un nuovo ciclo di vita.

Messe nelle mani di artigiani eccezionali, veri Barnard della calzatura, le nostre scarpe si rigenerano, rifioriscono e, una volta restituite alla vita, tornano a essere messe in vendita nelle stradine adiacenti al ponte di Casanova: "Dotto', compratevi queste scarpe, sono un affare, erano di un marchese che è dovuto partire da un momento all'altro e che se le è dimenticate a Napoli. Quello non se l'è mai messe, praticamente sono nuove".

Le scarpe vengono così di nuovo acquistate, usate, risuolate, finché una di esse, la più debole, dice: basta. Il chirurgo scuote la testa. Niente da fare, bisogna buttarla, al massimo la si potrebbe conservare per lanciarla dalla finestra alla fine dell'anno. Resta comunque in vita l'altra scarpa, la vedova. Il ciabattino la guarda, valuta l'opportunità di un intervento, e decide di sì. Restaurata, risuolata, lucidata, la nostra scarpa finisce su di un bancariello di Spaccanapoli. La scritta "Scarpe scompagnate" informa l'acquirente che per un prezzo veramente esiguo lui potrà portarsi via due scarpe quasi identiche. La nostra scarpa ha trovato un nuovo partner e un nuovo padrone. Tutto questo si chiama: anticonsumismo.

E chi vi dice che sia una disgrazia?

C'era una volta un contadino cinese al quale era scappato un cavallo. Tutti i vicini cercarono di consolarlo, ma il vecchio cinese, calmissimo, rispose: «E chi vi dice che sia una disgrazia?». Accadde infatti che, il giorno dopo, proprio il cavallo che era fuggito ritornasse spontaneamente alla fattoria, portandosi dietro altri cinque cavalli selvaggi. I vicini, allora, si precipitarono dal vecchio cinese per congratularsi con lui, ma questi li fermò dicendo: «E chi vi dice che sia una fortuna?». Alcuni giorni dopo, il figlio del contadino, cavalcando uno di questi cavalli selvaggi, cadde e si ruppe una gamba. Nuove frasi di cordoglio dei vicini e solito commento del vecchio cinese: «E chi vi dice che sia una disgrazia?». Manco a farlo apposta, infatti, scoppiò una guerra e l'unico a salvarsi fu proprio il figlio del contadino che, essendosi rotto una gamba, non era potuto partire per il fronte.

Questa parabola non ha fine, e potremmo applicarla a molti avvenimenti della nostra vita, pubblica e privata. Spesso quello che in un primo momento ci sembra irrimediabilmente nefasto può nascondere delle conseguenze positive assolutamente inaspettate, basta attendere un po' e lasciare che le cose abbiano il loro corso.

Anche per i fatti insomma, come per le persone, non bisogna mai aver fretta di giudicare dalle prime apparenze.

L'ozio è il padre di tutte le virtù

Quando ho voglia di ridimensionarmi, penso alla mia totale incapacità di praticare l'ozio. Lungi, infatti, dall'essere il padre dei vizi, l'ozio è uno strumento utilissimo per misurare le qualità di un essere umano. Chi è capace di praticarlo, di restare immobile senza sentire il bisogno della compagnia di un altro individuo, o di accendere la televisione, o di navigare su Internet, o di fare sesso, può a buon diritto considerarsi un superuomo. Io, purtroppo, non ce la faccio.

In quanto single, ogni giorno sono terrorizzato dall'idea di dover restare solo a casa, senza aver nulla da fare. Eppure, Dio solo sa quanto ammiro la saggezza dei filosofi greci. Socrate, un giorno, a chi lo invitava a fare una gita a Capo Sunio, chiese con molta educazione: «Perché dovrei andare a Capo Sunio?».

«Perché a Capo Sunio» gli risposero «questa sera ci sarà un bellissimo tramonto, e poi perché potrai ammirare gli alberi, il mare, le montagne...»

«Sentite» confessò il grande filosofo, «a me del tramonto, degli alberi, del mare e delle montagne non importa un fico secco. L'unico viaggio che m'interessa è quello all'interno dell'animo umano e in particolare all'interno di me stesso. Motivo per cui, non ve ne abbiate a male, resto a casa.»

In Grecia tutti quelli che sudavano per motivi di lavoro venivano disprezzati: erano chiamati *banausi*. Perfino gli artisti, e gli scultori in particolare, non godevano di molta stima. Di Fidia o di Prassitele si diceva: "Sì, sono bravi, però quando trasportano i pezzi di marmo sudano!". Stare fermi, insomma, e non fare altro che pensare, vuol dire anche crescere.

E allora eccomi qua: io in questo momento sto pensando. Ma a che cosa sto pensando? Per esempio, alla razza.

Ma che cos'è la razza? Einstein, quando andò in America e gli chiesero di precisare sul modulo di entrata a quale razza appartenesse, scrisse semplicemente "razza umana", e meglio di così non avrebbe potuto rispondere.

E il potere? Che cos'è il potere? A pensarci bene, è una stronzata. La vita è breve, troppo breve per sacrificarla al potere. Gli anni passano in fretta. Ci diciamo "Buon Natale" e "Buona Pasqua" e poi ci accorgiamo che un altro anno è finito.

Insomma, mi faccio le domande e mi rispondo da solo. Ieri ho visto un film di John Houston intitolato *The Dead*. Nel primo tempo non succede niente che valga la pena di essere raccontato. Si assiste a una cena dove si parla del più e del meno. Poi, nel secondo tempo, due degli ospiti, un marito e una moglie, tornano a casa e si mettono a letto. Prima di addormentarsi parlano tra loro. Lei racconta di un suo ex fidanzato che era morto giovanissimo e si chiede: "Ora dove sta? Mi sta vedendo?". E anch'io me lo chiedo. I miei amici del liceo e dell'università, oggi morti purtroppo, dove stanno? Cesare, Pino, Mimì, Gennarino, rispondete: dove state?

Penso a loro e nel frattempo resto immobile. In pratica cresco pensando. Scopro, tanto per dirne una, che non sono più sicuro di niente. Come dire che al posto della Fede ho finito con il contrarre il dono del Dubbio. D'altra parte il vero filosofo professa l'*aporéin*, che è per l'appunto il dubbio, l'*epoké*, che è la sospensione del giudizio, e l'*apâtheia* che è il distacco dalla passione, tre qualità che pretendono tutte e tre l'immobilità, e soprattutto il Silenzio. Urge che qualcuno scriva un saggio intitolato *Elogio del Silenzio*. In una delle sue lettere a Lucilio, Seneca scrive: "Ho convinto il mio animo a concentrarsi solo su se stesso. D'altra parte, non so se te ne sei accorto, ma la notte, proprio perché siamo immersi nel silenzio, i nostri pensieri diventano più profondi".

Molti anni fa, a Positano, conobbi un barbone. Si chiamava Scisciò. Poteva avere tra i cinquanta e i sessanta anni. In pratica non faceva niente dalla mattina alla sera. Viveva per strada e dormiva dove capitava. Non era, però, come gli altri barboni: era una persona istruita con la quale si poteva parlare di tutto. Un giorno, pensando all'avvicinarsi dell'inverno, gli regalai un pullover giallo, molto pesante. Lui, però, non lo volle accettare.

«Lucia'» mi disse, «ti ringrazio tanto, ma a me il giallo non sta bene.»

E adesso, per saperne di più, leggetevi *Il diritto alla pigrizia* di Lafargue, *L'elogio dell'ozio* di Russell, *Il futuro del lavoro* di De Masi e, se lo trovate in DVD, rivedetevi *Tempi moderni* di Chaplin.

Se un giorno i Sette Savi...

Un giorno i Sette Savi decisero di andare a visitare l'oracolo di Delfi. Il Gran Sacerdote, quando li vide salire sui gradini del tempio, non credeva ai suoi occhi. Ma come: gli uomini più saggi della Grecia erano lì, davanti a lui, tutti e sette, e tutti pronti a dispensare saggezza! Come non approfittarne? E difatti, dopo essersi inchinato in segno di rispetto, chiese loro un autografo, o, per meglio dire, una massima da scolpire sulle pareti del tempio, in modo che anche i posteri potessero giovarsi di questo straordinario evento.

Uno alla volta i saggi presero uno scalpello, salirono su un trespolo, e incisero sulle mura del tempio di Apollo quella che per loro era la frase più significativa. Il primo a esibirsi fu Chilone di Sparta. Poi, via via, sfilarono tutti gli altri, e precisamente Cleobulo, Misone, Solone, Talete, Pittaco e Biante. Ed ecco qui le massime che, a detta degli storici, vennero scolpite quel giorno: "Conosci te stesso", "Ottima è la misura", "Nella vita la cosa più bella è la tranquillità", "Impara a ubbidire e imparerai a comandare", "Ricordati degli amici" e "Restituisci il deposito".

L'unico a non voler scrivere nemmeno una parolina fu Biante da Priene. Inutilmente i colleghi cercarono di fargli cambiare opinione.

«Ma come, tu, il più Saggio dei Saggi, la Luce Massima

del pensiero greco, non vuoi lasciare un messaggio per i posteri? Bada bene, o Biante, che Apollo stesso potrebbe aversene a male!»

«È meglio per voi, per Apollo, e per i posteri, che io non scriva nulla sulle mura del tempio!»

Poi si sa come vanno a finire certe cose: a forza d'insistere, a forza di dire: "E dài: scrivi pure tu qualcosa!", anche Biante si lasciò convincere, e davanti agli occhi esterrefatti del Gran Sacerdote scolpì la seguente massima: "La maggioranza degli uomini è cattiva".

Qualche anno dopo Eraclito intervenne in merito e lo corresse alquanto. "Non è vero" sentenziò "che la maggioranza degli uomini è cattiva... è semplicemente ignorante." E a dargli ragione ci si mise anche Socrate. "L'uomo che persegue il Male" precisò il grande ateniese "si comporta in tal modo solo perché non conosce la strada del Bene, altrimenti non sarebbe così stupido da battere un sentiero così impervio e poco gratificante come quello del Male." Come a dire che a praticare il Bene ci si può solo guadagnare.

Leggendo i giornali di questi ultimi mesi, mi tornano in mente tutti e tre: Biante, Eraclito e Socrate, e mi chiedo se genocidi, massacri, squartamenti di genitori, incesti, violenze sui minori, stupri e pulizie etniche varie siano da attribuire alla cattiveria o alla stupidità. E non basta: ammesso che sia la cattiveria a infierire, mi chiedo se siano più cattivi i palestinesi o gli israeliani. I giovani o i vecchi? Gli extracomunitari o gli italiani? I laureati o gli analfabeti? I settentrionali o i meridionali? Ebbene, sono arrivato a questa conclusione: non esistono razze, categorie o popoli cattivi, ma solo singoli individui non dotati di *pietas*.

Quello che è accaduto in Germania negli ultimi anni dell'Olocausto non può essere addebitato al solo Hitler. Se non altro per problemi organizzativi, l'eliminazione sistematica di sei milioni di ebrei avrà pure avuto bisogno della collaborazione di almeno trecentomila criminali. Ora, siccome mi rifiuto di pensare che trecentomila individui di tale fatta siano nati tutti nei primi anni del secolo, e tutti nello stesso paese, debbo presumere che in tutti i paesi, e in tutte le epoche, ci siano sempre trecentomila individui dotati d'istinto criminale. Come dire che è solo l'occasione a farli venire allo scoperto. Prima o poi, infatti, arriva il *dies irae* e quel giorno il delinquente che è in noi (ammesso che ci sia) si sveglia.

Probabilmente il tassista che mi ha accompagnato ieri sera a casa era un nazista potenziale. Lo sguardo freddo dell'aguzzino ce l'aveva. Purtroppo per lui, però, l'Italia di oggi non gli offre molte occasioni per mostrarsi e quindi deve accontentarsi di banali litigi su questioni di traffico con altri automobilisti, senza per questo poterli nemmeno torturare. Poi, un brutto giorno, scoppia una guerra e il nostro si ripresenta alla ribalta più cattivo che mai, non più vestito da tassista questa volta, ma con una divisa militare che incute terrore.

Resta da capire se criminali si nasce o si diventa. Jean-Jacques Rousseau un giorno scrisse che l'uomo nasce buono di natura, salvo poi diventare una belva per colpa della Società. Questa, grosso modo, è sempre stata la tesi delle sinistre: cambiamo la Società e finiremo col cambiare l'uomo. Come a dire: raffreddiamo le spinte egoistiche del Mercato e l'umanità diventerà sempre più buona. A essere sincero, la teoria rousseauiana del "buon selvaggio" non mi ha mai troppo convinto. Anzi, ho sempre pensato che le leggi che governano uno Stato dovrebbero essere formulate più pensando agli uomini "come in realtà sono" che non agli uomini "come dovrebbero essere". Comunque, volendo riconoscere al filosofo francese una qualche percentuale di verità, provvediamo a inserire nelle scuole "l'insegnamento morale". Cominciamo dai più piccoli, dai ragazzini delle elementari, e spieghiamo loro che cos'è il rispetto verso i deboli. Chissà che col tempo non diminuiscano anche gli stupri.

Immuni dal Dubbio, cioè stupidi

La vera antitesi della Fede non è la Ragione, ma il Dubbio. Proviamo a dare qualche definizione e chissà che non arriviamo a dei risultati. Nella vita ci sono cose che si sanno, e cose che non si sanno ma che si credono. Facciamo degli esempi: l'acqua, a certe condizioni di pressione, bolle a 100 gradi centigradi. Se uno non ci crede, prende un pentolino, lo riempie d'acqua e lo mette sul fuoco. Poi, dopo qualche minuto, si accorgerà che l'acqua ha incominciato a bollire. A quel punto prende un termometro e ne misura la temperatura. Dopodiché esclamerà: "Gesù, Gesù, ma sono proprio cento gradi!". Ebbene, questa è la Scienza.

Dell'Anima e dell'Aldilà, invece, non si sa nulla di preciso. La maggior parte delle persone però ci crede e giura che esistono. Ogni religione ha al riguardo le sue brave risposte, e ognuno di noi, a seconda di dove è nato, crede in qualcosa che non può dimostrare. Per quanto mi riguarda, per esempio, fatta eccezione per le Urì di cui parla il Corano che purtroppo da noi non ci sono, io preferisco di gran lunga il nostro Paradiso a quello musulmano. Solo l'idea di poter incontrare di nuovo mia madre e mio padre, e di poter scambiare con loro quattro chiacchiere insieme a Totò e a Fellini, mi fa giurare sull'esistenza della vita eterna. Questa è la Fede.

Infine, ci sono cose che "non si sanno" e "non si credono" ma sulle quali "si discute". Questa è la Filosofia. Chiediamoci ora se c'è un elemento che distingue la Filosofia dalle altre attività dell'essere umano. Certo che c'è, e si chiama Dubbio. Lo scienziato, una volta provata la legge che ha scoperto, la usa per andare avanti nella ricerca.

E così il credente che pone le cose in cui crede alla base di ogni suo pensiero. Il filosofo, invece, è un dubitante per definizione o, se preferite, "per vizio". Lui pratica lo "zeticismo" dalla mattina alla sera (da *zeteo*, che in greco vuol dire "cercare"), ovvero una disciplina secondo la quale è obbligato a "cercare sempre a patto di non trovare mai".

Prima di condannare il Dubbio, due parole in sua difesa: chi crede nell'esistenza di Dio, una volta per tutte, non è mai così vicino a Dio come chi, invece, se lo chiede di continuo. Io, tanto per dirne una, ho sostituito il verbo "credere" col verbo *sperare*, motivo per cui "spero che Dio ci sia", anzi sono sicuro che ci sia, ma solo nell'80 per cento dei casi. A volte poi questa mia percentuale vacilla, in particolar modo quando assisto a delle ingiustizie fin troppo palesi, e allora quella che io chiamo "speranza" si tramuta in "timore" e mi precipita al 50, se non addirittura al 40 per cento.

Ho avuto un nipote, un bravissimo ragazzo che non ha mai fatto male a nessuno, che mi è morto di sclerosi multipla dopo aver perso via via l'uso delle gambe, delle mani, della parola e della vista. Ma perché, mi sono chiesto, Dio non manda una malattia così feroce a quelli che uccidono i bambini dopo averli stuprati? Mi è stato risposto che la vera vita non è quella che stiamo vivendo, ma quella che ci attende dopo la morte. Sarà, ma nel frattempo mi sono crollate le percentuali.

Essere sacerdoti del Dubbio vuol dire porsi di continuo domande del genere, ed è proprio il Dubbio a frenare i nostri peggiori impulsi. Il vero filosofo, infatti, professa l'*epoké*, ovvero la sospensione del giudizio, e non prende decisioni avventate. Analizza i pro e i contro di ogni scelta e poi decide di conseguenza. Quando vi capita d'incontrare un uomo che ha dei dubbi, state tranquilli, non abbiate paura: sarà di sicuro una brava persona. Gli Hitler e gli Stalin, ricordatelo, non hanno mai avuto dubbi. E se proprio vogliamo dirla tutta, anche gli stupidi, spesso e volentieri, sono immuni dal Dubbio.

"Ma ne sei proprio sicuro?" qualcuno potrebbe chiedermi.

"Non ho alcun dubbio!" risponderei.

“Non suono per non disturbare”

Preparare una colazione d’affari a Napoli? Non è possibile. La città non è organizzata: mancano i ristoranti specializzati, i menu sono tutti a base di carboidrati, i camerieri e gli avventori non consentono alcuna privacy e infine i posteggiatori volteggiano implacabili nella convinzione che chiunque mangi in un ristorante sia un turista straniero voglioso di ascoltare *’O surdato ’nnammurato.*

Tutto questo non significa che a Napoli sia impossibile trattare e concludere affari mangiando.

Diciamo semplicemente che è diverso e che bisogna sapersi adattare. Ricordo, per esempio, di una cosiddetta colazione d’affari da me avuta con un cliente quando ancora lavoravo a Napoli: avevo deciso di scartare “Ciro a Santa Brigida”, dove sicuramente avrei mangiato benissimo ma dove altrettanto sicuramente avrei trovato troppa folla, e mi ero avviato verso una trattoria di Santa Lucia, proprio di fronte al cinema, dove secondo i miei calcoli a quell’ora non avrei dovuto incontrare molta gente, essendo la clientela abituata a mangiare verso le due. Tutto procedeva secondo le previsioni: sala pressoché vuota, spaghetto alle vongole e per dopo la solita micidiale richiesta: carne o pesce? Comunque, una volta adempiuto nel bene e nel male alle formalità delle ordinazioni, io avevo appena iniziato il discorso che tenevo a cuore, quando eccolo là: l'immancabile, il fatalistico, l'emaciato, il sorridente professionista della *posteggia*. Vestito, come il ruolo comanda, con dignitosa povertà ma con colori e dettagli adatti a un artista, armato di una vistosa chitarra, egli avanza nel locale deserto per piazzarsi a circa tre metri dal nostro tavolo. Attendo con paziente rassegnazione che il nostro aedo si commuova cantando "*tu si' 'a canaria, ca pure quanno more canta canzone nove*", sennonché contro tutte le aspettative egli resta silenzioso e rispettosamente ci guarda.

Continuo a parlare di lavoro e ho l'impressione che questa volta il posteggiatore stia aspettando la fine della nostra conversazione. Sennonché, nel corso di una pausa, si avvicina con discrezione e con un leggero inchino ci porge un cartoncino stampato: NON SUONO PER NON DISTURBARE, GRAZIE.

Gli demmo cinquecento lire e se ne andò.

Gaetano, il cameriere, quando venne a portarci il conto ci disse: «*Puveriello, è pate 'e figli e nun sape suna'!*».

"Signor Ministro, vorrei un preventivo di pena"

Spett. Ministro della Giustizia,

con la presente desidererei avere dal Suo Ministero un preventivo di pena per un eventuale delitto che potrei commettere da qui a qualche giorno. Tenuto conto della campagna sconti che state praticando in questi ultimi tempi, le sarei grato se mi volesse far conoscere in anticipo quanti mesi di carcere mi toccherebbero ovemai eliminassi il mio vicino di casa, ragioniere G.B. Rigotti, che da anni mi perseguita con la sua cattiveria.

Finora ho sempre rifiutato con orrore l'ipotesi di commettere un delitto, anche perché, diciamo la verità, la prospettiva di finire in carcere per il resto dei miei giorni mi spaventava alquanto; adesso però, a seguito degli ultimi clamorosi scarceramenti, le confesso che ci sto un tantino ripensando. Ho letto da qualche parte, infatti, che in Italia i criminali in libertà sarebbero addirittura 200 mila e che la disponibilità dei posti letto nelle carceri nazionali non supererebbe le 30 mila unità, come dire che, se non ci si prenota in tempo, in carceri particolarmente affollate come Regina Coeli e Poggioreale non si entra nemmeno.

Premesso che la possibile vittima, il già citato ragioniere Rigotti, è persona decisamente sgradevole e repellente (picchia la figlia diciottenne tutti i sabati sera, ogni volta che la poverina torna tardi a casa), e tenuto conto delle angherie che lo stesso Rigotti mi infligge quotidianamente (auto parcheggiata e chiusa davanti alla mia, ascensore lasciato volutamente con gli sportelli aperti al quinto piano, opposizione preconcetta a qualsiasi mia proposta nelle riunioni di condominio), io sarei deciso all'eliminazione fisica del personaggio sempre che il Suo Ministero mi garantisse gli arresti domiciliari dopo una permanenza in carcere, pro forma, non superiore ai tre mesi. D'altronde, eccellentissimo signor Ministro, se Lei appena appena volesse paragonare il Rigotti ai tanti uomini illustri eliminati dai terroristi negli anni Settanta, non potrebbe negarmi, fatte le debite proporzioni, un trattamento di favore.

A proposito di delitti e di pene, un mio carissimo amico, esperto in cose di legge, mi ha assicurato che con il nuovo codice, nel caso che il reo sia confesso e che il delitto non sia ripetibile (non ho, per fortuna, altri ragionieri Rigotti da uccidere), si potrebbero ottenere addirittura gli arresti domiciliari fin dal giorno successivo all'arresto, sempre a patto però che ci si penta sinceramente del gesto commesso. In altre parole, a sentire lui, io ammazzo il Rigotti, dopo di che mi preparo una ventiquattrore con un solo cambio di biancheria, e vado a costituirmi allo sportello del commissariato più vicino, dove mi faranno giurare sul mio onore che non lo farò mai più in futuro.

Be', se tutto questo fosse vero, Eccellenza mia, me lo dica chiaramente che provvederò fin d'oggi a sistemare la pendenza Rigotti. Le assicuro infine che sono un autentico pentito e per di più uno studioso, amante dei classici (sempre secondo il mio amico esisterebbe tra i giudici una maggiore comprensione per gli assassini studiosi).

Chiudo dicendo che non mi spaventano affatto gli arresti domiciliari, anche se dovessero durare molti e molti anni. D'altra parte, mi creda signor Ministro, con tutti gli assassini che sono a piede libero in giro per la città, non è che poi sia tanto consigliabile uscire di casa.

Distinti saluti

Con Orazio o con Seneca?

Il problema di fondo, a mio avviso, è il dolore. C'è chi cerca di evitarlo con ogni mezzo e chi, invece, lo considera un passaporto indispensabile per entrare in Paradiso. A questo punto salta fuori tutta una serie di contraddizioni. Vediamo laici che in quanto atei (grazie a Dio) cercano di aiutare il prossimo, ascoltiamo cattolici che, contravvenendo al primo principio del cristianesimo, preferiscono vederlo soffrire. Per questi ultimi l'eutanasia, la fecondazione artificiale e la clonazione sono tutte pratiche da evitare. Loro, dovunque intravedano la possibilità di eliminare un pochino il dolore, si schierano contro. Non a caso lo slogan preferito dai cristiani è "siamo nati per soffrire". E nemmeno gli si può dare tanto torto dal momento che è proprio la sofferenza quella che spinge l'uomo a rivolgersi a Dio. Come dire che il dolore per la Chiesa finisce con il diventare uno strumento di potere e quindi con l'aumentare l'audience.

Tutto cominciò un paio di migliaia di anni fa, quando la filosofia si divise in due schiere contrapposte, l'una contro l'altra armata: da una parte gli stoici che credevano nella sofferenza, dall'altra gli epicurei che preferivano il piacere. A chi dare ragione? A Orazio che predicava il *carpe diem* non appena possibile, o a Seneca che sosteneva il principio secondo il quale solo il dolore poteva farci apprezzare il non-dolore? A Lucrezio che stimava il corpo più importante dell'anima, o a Epitteto che considerava l'uomo un attore a cui è stata assegnata una parte? Pazienza, poi, se questa parte prevedeva una scena dove l'attore era costretto a soffrire.

I movimenti epicurei credono tutti nel presente e quindi nel "chi vuol essere lieto, sia: di doman non v'è certezza"; quelli stoici, invece, preferiscono puntare sul domani. Per i cristiani la vera vita la potremmo vivere solo a morte avvenuta, e lo stesso dicasi per i musulmani, per i quali nell'aldilà ci aspetterebbero addirittura le Urì del Profeta, ovvero delle bellissime fanciulle pronte a esaudire ogni nostro desiderio. I comunisti poi, sempre per non essere da meno, cinquant'anni or sono ci promisero "il sole dell'avvenire" a patto, però, che nell'immediato presente accettassimo la dittatura del proletariato. In altre parole tutti i movimenti religiosi, siano essi cristiani, musulmani o comunisti, alla fin fine sono sempre dei movimenti stoici, protesi quindi a puntare sul domani e mai sul presente.

L'ora di Religione? Socrate suggerisce quella del Dubbio

SOCRATE Mio buon Strepsiade, vedo il tuo volto accigliato e pensieroso: hai tu forse qualche motivo per essere angosciato?

STREPSIADE Come sempre, o Socrate, il tuo sguardo è più acuto di quello di un falco, leggi nell'animo mio così come Apollo Pizio legge nel libro del futuro.

SOCRATE Cosa mai ti procura tanto affanno, o Strepsiade?

STREPSIADE Si tratta di Fidippide, il più giovane dei miei figli: ha deciso di ripudiare la religione dei padri.

SOCRATE Cosa dici mai? Fidippide, il bravo e studioso Fidippide, avrebbe recato una così grave offesa agli Dei di Atene?!

STREPSIADE Purtroppo sì, o Socrate: Tauriloco, il suo pedagogo, mi ha convocato proprio oggi per comunicarmi che il ragazzo ha manifestato il desiderio di abbracciare il culto di Ammone.

SOCRATE Dell'egizio Ammone?

STREPSIADE Di lui giustappunto. Si dà il fatto che, come tu sai, da qualche settimana, nelle scuole di Atene, oltre alle tre discipline tradizionali (la Letteratura, la Musica e la Ginnastica) si è aggiunta per volere del governo anche l'ora di Religione. Orbene, sembra che alcuni allievi oriundi della Tracia, in quanto non seguaci del culto di Zeus, ma di quello della dea Bendis, durante l'ora di Religione abbiano cominciato a porre domande poco rispettose al maestro preposto all'insegnamento religioso.

SOCRATE Come sarebbe a dire "poco rispettose"?

STREPSIADE Non so... pare che abbiano chiesto dettagli tecnici su come Zeus avrebbe fatto a possedere Danae dopo essersi trasformato in pioggia d'oro, e che alle risposte alquanto imbarazzate dell'insegnante si siano messi a sghignazzare dandosi di gomito.

SOCRATE Anch'io in verità, a suo tempo, ho avuto delle curiosità su questo mito. È mio convincimento però che le metamorfosi di Zeus debbano essere interpretate tutte in chiave simbolica, altrimenti dovremmo ammettere che Zeus era un dio alquanto licenzioso.

STREPSIADE A parte l'interpretazione del mito, le continue interruzioni dei tessali hanno finito con l'irritare il vecchio maestro che, dopo essersi consultato con i cinquanta Pritani, ha deciso di allontanare, durante l'ora di Religione, tutti gli allievi non devoti al culto di Zeus.

SOCRATE E allora?

STREPSIADE E allora è accaduto che i ragazzi espulsi, non sapendo come impiegare il loro tempo, hanno formato due squadre di *sphaira* [calcio]: quella di Ammone e quella di Bendis, e si sono o messi a giocare proprio davanti alla scuola.

SOCRATE E cosa c'entra questo con Fidippide?

STREPSIADE Il mio ragazzo, udendo lo schiamazzo dei giocatori, ha deciso di abbandonare anch'egli l'ora di Religione e di abbracciare il culto degli egizi.

SOCRATE E tu gli hai chiesto i motivi della scelta?

STREPSIADE Sì, o Socrate, ed egli mi ha risposto: «Padre, credo ancora negli Dei di Atene, ma ciò non toglie che gli egizi abbiano bisogno di un'ala sinistra».

SOCRATE Da quanto mi hai raccontato, o Strepsiade, io penso che per interessare tutti i ragazzi di Atene, a qualsiasi culto essi appartengano, il Consiglio dei Pritani dovrebbe sostituire l'ora di Religione con l'ora del Dubbio.

STREPSIADE Non ti capisco, o Socrate!

SOCRATE Io credo che un buon pedagogo dovrebbe continuamente seminare dubbi tra i suoi allievi e porgere domande di questo tipo: "Sei proprio convinto che sull'Olimpo vivano gli Dei?"; "Sei tanto sicuro dell'esistenza dell'anima?"; "Hai mai pensato che dopo la morte potrebbe esserci il Nulla o niente altro che il Nulla?"; "E se non ci fosse alcun Dio?".

STREPSIADE E tu credi che sia utile porre domande così terribili a delle menti non ancora formate?

SOCRATE Sì, o Strepsiade, perché un Dio discusso, un Dio nato dal Dubbio, ovvero dall'interno dell'animo, è più forte di un Dio imposto da un Dogma esterno.

STREPSIADE Ma tutto ciò potrebbe ingenerare confusione e disordine. Un giovane avrà pure bisogno di certezze per diventare un giorno un buon cittadino osservante delle leggi.

SOCRATE Niente affatto: il Dubbio è alla base di ogni democrazia, mentre la Fede è pur sempre matrice di violenza.

STREPSIADE La Fede è violenza? Ma cosa dici mai, o Socrate? Io non ti riconosco più come il mite filosofo di Alopece: che abbia ragione Meleto quando sostiene che in te si nasconde un nemico degli Dei?

SOCRATE Non sono un nemico degli Dei, o Strepsiade, ma ti confermo quanto ho appena detto: la Fede è violenza! Qualsiasi tipo di Fede: quella religiosa, quella politica e quella sportiva. Non è forse un violento quel colonnello arabo di cui ora mi sfugge il nome? E quel capo religioso degli integralisti islamici? E tutti i dittatori, i kamikaze, i terroristi, i banditori di crociate e i tifosi di calcio non sono forse uomini di Fede? Il Dubbio invece, mio buon amico, è una divinità che bussa con gentilezza alla tua porta e chiede di essere ascoltata. Il Dubbio espone le sue idee, ma è anche pronto a cambiarle non appena qualcuno gli mostra che sono sbagliate. Il Dubbio è il padre delle massime virtù dell'uomo: la Curiosità e la Tolleranza.

STREPSIADE E se malgrado la tua riforma gli allievi della Fede non volessero rinunciare alle loro certezze?

SOCRATE Allora organizzerei una grande partita di calcio: Quelli del Dubbio contro Quelli del Dogma.

Gli extraterrestri come Colombo

Da "Eppur si muove" ai giorni nostri il conflitto Fede-Ragione è sempre esistito, ma mentre ai tempi di Galilei sostenere che non eravamo gli unici abitanti dell'Universo era una vera e propria bestemmia, oggi, in materia, i vaticanisti sono diventati molto più tolleranti: non hanno problemi ad ammettere che ci potrebbero essere altri pianeti abitati. Gli extraterrestri, statisticamente parlando, esistono davvero. Premesso, infatti, che una galassia media contiene cento miliardi di stelle e che nell'universo ci sono a dir poco miliardi di galassie, sarebbe strano, per non dire impossibile, che il nostro pianeta fosse l'unico a essere abitato. Ciò detto, quante possibilità ci sono di entrare in contatto con gli extraterrestri?

Praticamente nessuna e vediamo perché. Non basta, infatti vedere una qualche lucina attraversare il cielo, ovvero un UFO, per credere che stia arrivando una comitiva di alieni. Le distanze che ci separano dagli altri pianeti sono così enormi da impedire qualsiasi incontro ravvicinato.

Facciamo un paio di moltiplicazioni e ce ne renderemo conto. Finché restiamo nel nostro sistema solare c'è poco da stare allegri: i pianeti più vicini al Sole sono delle vere e proprie palle di fuoco, e quelli più lontani dei deserti con temperature di migliaia di gradi sotto zero. L'unica speranza d'incontrare un extraterrestre in buona salute potrebbe essere quella di trasferirci in un altro sistema solare e di trovare un pianeta, più o meno grande come il nostro, che ruoti a una distanza tale dalla sua stella da consentire la nascita di una qualche forma di vita.

Prima, però, di esultare, proviamo a calcolare le distanze che ci separano da questi pianeti. Il più vicino fra quelli che sono stati scoperti ruota intorno alla stella Epsilon Eridani posta ad "appena" 10,5 anni luce da noi. Ma che vuol dire 10,5 anni luce?

Vuol dire che la luce di questa stella per arrivare fino a noi impiega dieci anni e mezzo. Paragoniamo ora la distanza di Epsilon Eridani a quella della Luna e del Sole. La luce della Luna per arrivare sulla Terra impiega poco più di un secondo e quella del Sole otto minuti e venti secondi. Epsilon Eridani, quindi, è enormemente più lontana.

Supponiamo, per esempio, che un giorno venga inventato un telefonino così potente, ma così potente da poter parlare con un abitante di Epsilon Eridani. La conversazione andrebbe avanti grosso modo così: io compongo il numero dell'abbonato Epsilon, dopodiché aspetto con pazienza una risposta con il telefonino incollato all'orecchio. Passano 21 anni (10,5 per l'andata e 10,5 per il ritorno) e finalmente sento una vocina che dice "Pronto". Al che io chiedo "C'è Pasquale?". Altri 21 anni di attesa e di nuovo la vocina che mi dice: "No, ha sbagliato numero". Tutto questo solo per inviare un messaggio al pianeta a noi più vicino e sempre nell'ipotesi che le onde telefoniche attraversino lo spazio alla velocità della luce. Se, invece, parliamo di viaggi galattici, tenuto conto che la luce viaggia a 300 mila chilometri al secondo e che le astronavi, grasso che cola, a stento riescono a raggiungere i 30 mila chilometri orari, per coprire una distanza come quella che ci separa da Epsilon Eridani ci vorrebbero svariati milioni di anni. Mi si obietterà che non possiamo conoscere il livello tecnologico raggiunto dagli extraterrestri, e che costoro si sarebbero potuti far ibernare qualche milione di anni fa per poi risvegliarsi più arzilli che mai il giorno del loro arrivo sulla Terra. D'accordo, dico io, tutto è possibile, quello che è certo però è che, se tutto ciò accadesse, i suddetti alieni non si mostrerebbero solo a un paio di pastorelli per poi riprendere un attimo dopo il viaggio di ritorno, ma li vedremmo tutti sul telegiornale delle ore 20.

Dopo tanti anni di viaggio possibile che nessuno di questi alieni abbia mai detto: "Uè, fermiamoci un momento. Ci prendiamo un caffè e poi ce ne torniamo". Nessuno che abbia avuto la curiosità di sapere come siamo fatti? Di conoscere quali minerali ci sono sulla Terra? Ma facciamo un paragone storico: immaginiamo di essere nell'anno del Signore 1492. È il 12 ottobre. Un povero indigeno dell'isola di Guanahani, alle prime luci dell'alba, vede tre caravelle avvicinarsi alla costa. Poi, improvvisamente, queste strane imbarcazioni invertono la rotta e spariscono all'orizzonte. Il loro capo, un certo Cristoforo Colombo, aveva detto alla ciurma: "Signori, come vi avevo predetto queste sono le coste dell'Asia. Adesso però non perdiamo tempo, torniamo in Spagna e informiamo la regina".

Il povero indigeno, stupito, sarebbe corso dal suo capo per raccontare l'accaduto: «Grande Capo, io avere visto tre UFO venire dal mare».

«E adesso dove stanno?»

«Essere spariti.»

«Ma non dire fesserie!»

E nessuno gli avrebbe creduto!

"Mister Galileo, dica a Mister Einstein..."

Amo Einstein e non so bene perché. Pur avendo all'attivo degli studi scientifici, più che dalle scoperte nel campo della Fisica, sono rimasto colpito dagli occhi ironici, dall'aspetto trasandato e da quel suo rimanere così profondamente umano malgrado i vertici raggiunti. Einstein per me è l'Intelligenza con la faccia del clown.

Tempo fa in televisione ci fu un servizio su Einstein e sulla Relatività. Per l'ennesima volta radunai tutte le mie facoltà intellettive e mi piazzai davanti al video fermamente deciso a capire. Ascoltai con attenzione lo speaker che, peraltro, parlava con molta chiarezza e soprattutto non persi una parola del professor Zichichi, quel nostro famoso fisico capace di tradurre in immagini familiari anche i concetti più astrusi. Niente da fare! Recepii solo le cose che già conoscevo e, come sempre, mi sfuggì il significato del tutto. Forse la verità è che, a me, di questa benedetta Teoria della Relatività, non importa proprio un bel niente. Muoio invece dalla voglia di capire come è fatto l'Universo, di sapere chi siamo, da dove veniamo e dove andremo a finire, e tutto questo vorrei saperlo da Einstein.

A leggerla sulle pubblicazioni divulgative la Teoria è un po' noiosa: in genere vi opprimono con moltissimi esempi di persone che si trovano in treno e che si domandano stupite se sia il treno a muoversi rispetto alla banchina o viceversa. Einstein pone fine al dilemma sostenendo che entrambe le risposte sono giuste e noi accettiamo questo verdetto solo per rispetto alla sua persona, in quanto poi, sotto sotto, ci sentiamo un po' più d'accordo con quelli che parteggiano per il treno in movimento. Subito dopo, però, ci vengono proposte altre vicende che, Dio solo sa perché, hanno sempre luogo in treno o al massimo in ascensore.

Bertrand Russell diceva che tutti quelli che spiegano la Relatività sono in genere delle persone che vi accompagnano per mano nella zona dove i concetti sono più elementari e che poi vi lasciano soli non appena vi trovate nel buio. Tutto questo per dirvi che anche quella sera andai a letto con tutta la mia voglia di sapere ancora intatta. Prima di prender sonno decisi quindi di rifugiarmi tra i miei filosofi preferiti: i presocratici. Loro sì che sapevano porsi le domande giuste! Democrito, Empedocle, Anassagora, Eraclito, Anassimandro: il fascino del pensiero!

Anassimandro credeva che la volta del cielo fosse effettivamente una volta e che le stelle fossero dei piccoli buchi al di là dei quali si scorgeva il fuoco eterno. Sì, lo so, si sbagliava. Però l'immagine era bella e anche facile da capire. D'altra parte è proprio facendo dei buchini in un cartone dipinto e mettendo delle lampadine dietro che si costruiscono i fondali dei presepi napoletani.

Empedocle diceva che gli elementi del creato erano quattro: la terra, l'acqua, l'aria e il fuoco, e che su di essi agivano l'Amore e la Discordia. Ogni elemento mosso dall'Amore cercava il suo simile: la pietra ricadeva sulla terra, l'acqua scivolava verso il mare, il fumo saliva su nel cielo e così via. Sennonché arrivava la Discordia e rimescolava tutto di nuovo. Ora però, secondo questa teoria, il mondo, in quanto opera mista, sarebbe stato solo frutto della Discordia: a lasciar fare all'Amore infatti l'acqua se ne sarebbe andata con l'acqua, la terra con la terra e tutto sarebbe ridiventato un deserto.

Aristotele si accorse di questa contraddizione e cominciò ad avere dei dubbi. Vuoi vedere, disse, che l'Amore spinge ogni elemento verso il suo contrario e non verso il suo simile? E nessuno lo contraddisse, anche perché nel frattempo Empedocle si era suicidato buttandosi nel cratere dell'Etna. Fu su quest'ultimo pensiero, credo, che mi addormentai per ritrovarmi dopo pochi minuti in una specie di anfiteatro all'aperto. Intorno a me c'erano tutti scienziati e filosofi, ognuno vestito come all'epoca sua.

Manco a dirlo, su un palco, vidi Aristotele che faceva da moderatore, con alla sua destra Euclide e Einstein e alla sua sinistra Newton e Galileo. Notai subito che Newton non guardava mai in faccia Einstein: quando doveva dirgli qualcosa glielo faceva dire da Galileo.

«Mister Galileo, per cortesia, dica a mister Einstein che...»

Un po' impressionato dalla presenza contemporanea di tutti questi cervelli, mi sedetti accanto a un vecchietto vestito con una tunica bruciacchiata e per curiosità gli chiesi chi era.

«Empedocle di Agrigento» rispose.

Dio mio, pensai, quello dell'Etna!

«E di che cosa si discute?»

«Struttura dell'Universo» disse con l'aria schifata di chi non ha nessuna voglia di parlare.

Purtroppo non è che si sentisse molto bene: parlavano quasi tutti insieme e la confusione che ne veniva fuori era enorme.

«Signori, per favore silenzio» gridò Aristotele. «Chi desidera parlare deve farne prima richiesta, adesso tocca all'abate Lemaître.

Un anziano sacerdote si alzò dalla platea e andò a porsi sul podio degli oratori.

«All'inizio c'erano l'Amore e la Libertà.»

«Per me» borbottò Empedocle «l'Amore e la Discordia.»

«L'Amore dominava a tal punto l'Universo che tutta la

materia si raggruppò al centro del mondo in un unico corpo. Questo corpo fu chiamato Ylem.»

«Lo pronuncia pure male» commentò Empedocle, «si dice *Ule* e significa "materia primordiale".»

«Come ipotizzato da me e da altri illustri colleghi: i signori Gamow, Bondi, Gold e Hoyle» continuò Lemaître «dopo un solo centesimo di secondo dalla nascita dell'Universo, l'Amore aveva già elevato la temperatura dello Ylem a cento miliardi di gradi centigradi!»

Un "oh" di meraviglia percorse l'intero uditorio.

«Tanta era la voglia della materia di amarsi e tanto il desiderio di ciascun pezzetto di sostanza di aderire agli altri pezzi che lo Ylem raggiunse in pochi attimi densità e temperature impensabili. Sennonché, tutt'intorno ai confini dell'Universo, c'era anche un altro mondo: la Libertà; un mondo enorme dove la temperatura era ferma sullo zero assoluto, la densità nulla e il tempo praticamente infinito. La Libertà dai suoi freddi confini ghiacciati chiamò a gran voce la materia, e tanto fece che un giorno riuscì a prendere il sopravvento sull'Amore. Questo evento determinò la Grande Esplosione: il Big Bang.»

Applauso della platea.

«La materia esplose» continuò Lemaître «e si frantumò in miliardi di miliardi di schegge. I pezzi più grandi rimasero incandescenti e furono chiamati stelle, i pezzi più piccoli si raffreddarono e furono chiamati pianeti. L'Amore però non si era disciolto nel nulla: imprigionato nella materia, agì dall'interno di essa e, ogniqualvolta vedeva un corpo passare accanto a un altro, lanciava i suoi disperati messaggi. Fu così che, un po' perché attratti dall'Amore e un po' perché sollecitati dalla Libertà, i corpi finirono per ruotare l'uno intorno all'altro e per spostarsi tutti insieme verso i confini dell'Universo.»

«Vedo Einstein scuotere la testa» disse Aristotele. «Vorrei pertanto conoscere il suo parere in proposito.»

«Amici miei» disse Einstein, «la descrizione fatta da Lemaître può andarmi bene solo se concepita come interpretazione poetica della Struttura. Se invece vogliamo stare ai fatti, mi vedo costretto a rifiutarla in quanto zeppa di termini impropri: voi parlate di "centro", di "confini", di "infinito", quando ormai tutti sanno che l'Universo non ha centro, non ha confini, è finito ed è costituito da una ipersfera, ovvero da una sfera a quattro dimensioni.»

«Caro collega, mi scusi se la interrompo, io mi chiamo Doppler e proprio grazie a una mia scoperta, nota come effetto Doppler, è stato accertato che tutte le galassie sono in fuga verso i confini dell'Universo e che la loro velocità, man mano che esse si allontanano dal centro dell'esplosione, si avvicina sempre più alla velocità della luce.»

«Sì, lo so» rispose Einstein «e so che insieme alla velocità aumentano anche la massa e l'energia, che poi sono la stessa cosa, mentre invece il tempo rallenta fino a diventare infinito, cosa che avviene allorquando la velocità della galassia eguaglia la velocità della luce.»

«Questo qui mi sembra Pitagora» disse Empedocle. «Gli piace parlare difficile.»

«Comunque» proseguì Einstein «volendo continuare a descrivere la Struttura alla maniera dell'abate Lemaître, io posso essere d'accordo nel dire che le particelle di materia a bassa velocità si attraggono tra di loro, per "amore" come dite voi, e che alle alte velocità si ubriacano fino a dimenticare i vecchi vincoli affettivi, purtuttavia l'Universo, comunque lo vogliate concepire, a tre, a quattro o a otto dimensioni resta sempre un recipiente praticamente vuoto con dentro un pizzico di energia che si trova o coagulato, sotto forma di materia, o allo stato libero, sotto forma di "botta" e cioè di esplosione. Quella cosa che voi chiamate attrazione, o peggio ancora forza di gravità, non esiste come causa attraente bensì solo come effetto di una deformazione della Struttura. I corpi, amici miei, sono stanchi, e quando girano scelgono sempre il cammino più facile, ecco perché quando incontrano una deformazione dello spazio-tempo non possono fare altro che seguirne dolcemente i contorni.»

Fu a questo punto che Newton si alzò per andarsene via. Non ammetteva critiche alle sue teorie sulla gravità.

«Chiariamo un fatto» continuò Einstein, «non è che io neghi l'esistenza delle forze gravitazionali, solo che non le distinguo da quelle inerziali. È tutta una questione di sistemi di riferimento, come quando ci si chiede se sia la Terra a girare intorno al Sole o il Sole intorno alla Terra: oggi tutti sappiamo che entrambe le risposte sono giuste e che...»

«Bravo, bravissimo!» lo interruppe Aristotele alzandosi e andando a stringergli la mano. Dovete sapere che a suo tempo Aristotele aveva preso una terribile cantonata sostenendo che era il Sole a girare intorno alla Terra e che per questo fatto il poveretto era stato sfottuto per più di duemila anni da tutto il Limbo; adesso non gli pareva vero che Einstein, il grande Einstein, gli avesse dato, anche se parzialmente, ragione.

«Chiedo la parola» disse una voce dalla platea.

«La parola al professor Mach» rispose Aristotele mentre tornava al suo posto.

«Signori colleghi» cominciò Mach, «voi mi conoscete, sono un uomo pratico. La struttura dell'Universo esiste solo perché esistono le stelle che la determinano. Se il nostro Universo fosse completamente vuoto, un raggio di luce non potrebbe camminare di moto rettilineo per il semplice fatto che non saprebbe dove andare.»

«Sia più preciso» gridò il vescovo Berkeley. «È la nostra presenza, ovvero il nostro sguardo che motiva l'esistenza del raggio di luce.»

«D'accordo» disse un altro di cui non riuscii ad afferrare il nome «ma allora, se tutti i corpi dell'Universo non finiscono in un'unica ammucchiata, questo significa che all'esterno di tutto debbono esistere ancora delle altre forze centrifughe.»

«Esiste la Libertà» disse Lemaître.

La confusione era diventata enorme! A un certo punto vidi salire sul podio un altro personaggio.

«Signori, per favore, silenzio. Mi chiamo Sigmund Freud e desidero precisare che non sono un fisico. Non posso però fare a meno di rilevare le analogie esistenti tra l'Universo e la Psiche umana. Anche all'interno dell'uomo agiscono due forze predominanti; la pulsione erotica e la pulsione distruttiva o, se preferite, la materia e l'esplosione. Mentre la pulsione erotica è generatrice di vita, la pulsione distruttiva rappresenta l'aspirazione dell'uomo a ritornare allo stato di materia inanimata. Questo accade in particolar modo quando la pulsione distruttiva è rivolta verso l'interno dell'individuo piuttosto che verso l'esterno. E che cos'è l'insieme di questi desideri inconsci di morte se non la fuga delle galassie verso i confini del nulla?»

«Protesto...» gridarono altre voci e più persone salirono sul palco.

La confusione aumentò sempre di più. Empedocle si alzò e, con aria disgustata, disse tra sé e sé: "E pensare che mi sono buttato nell'Etna per saperne di più".

De immonditia

Un giorno sono stato a Brunico, nell'Italia del Nord. C'era lo sciopero della Nettezza urbana. Ebbene i *brunicensi* (ma si chiameranno poi proprio così?) avevano deposto le loro immondizie secondo una precisione eccezionale. Tutti i pacchetti avevano la medesima grandezza e stavano a uguale distanza l'uno dall'altro. Non uno che si trovasse fuori posto. Purtroppo, però, non avevo con me una macchina fotografica per poterli immortalare.

Mi si dice inoltre che in alcuni quartieri di Lugano, abitati da quasi tutti napoletani, non si vede in giro un pezzo di carta straccia quasi a dimostrare che non è l'individuo a creare il disordine, ma è l'ambiente a favorirlo. Detto in altre parole, se mi trovo in una strada cosparsa di cartacce non ci penso su due volte e ne butto una pure io.

Settant'anni fa la situazione era diversa, e non per merito dei napoletani che in pratica erano gli stessi, ma dell'immondizia che non c'era. Era quasi una rarità. Ogni giorno ciascuna famiglia depositava fuori della porta di casa un involtino di carta (la plastica non era stata ancora inventata) con tutti gli avanzi del giorno precedente. Poi, di prima mattina passava un brav'uomo, da noi chiamato *munnezzaro*, che lo metteva in un sacco e se lo portava via.

Quanto poteva pesare quell'involtino? Quasi niente. Tutto questo finché non arrivò la Civiltà dei consumi.

In Italia si calcola che ogni giorno un abitante produca nel suo piccolo 650 grammi di spazzatura, ovvero 6 quintali l'anno, o se preferite 48 tonnellate nel corso della vita, qualcosa, cioè, pari a ottocento volte il proprio peso corporeo. A detta della Legambiente, se mettessimo l'uno sopra l'altro tutti i vuoti a perdere che generalmente buttiamo via verremmo a costruire una torre alta un milione di chilometri, come dire il triplo della distanza tra la Terra e la Luna.

Premesso che la parola "immondizia" viene dall'aggettivo "immondo", avete mai partecipato a una festa di Natale? Dieci amici si scambiano 90 pacchettini regalo (dieci moltiplicato nove). Venti amici se ne scambiano 380. Trenta amici se ne scambiano 870. Il che in pratica vuol dire 870 scatole vuote che restano per terra insieme alle carte d'imballaggio, ai nastri e ai fiocchettini colorati, alla paglia e a chissà quante altre cose inutili. Il tutto, poi, da buttare il giorno seguente. Tutto questo perché? Per dare al destinatario del regalo l'emozione dell'apertura. L'aspetto tragico, poi, lo si ha a fine festa, quando per terra resta tutto quel di più che nessuno ha voluto.

Un ultimo esempio di consumo inutile: l'aspirina. Le pasticchine vengono incapsulate in appositi contenitori di plastica, a loro volta inseriti in una scatola di cartone, e accompagnate da un foglietto con le istruzioni per l'uso (come se per ingoiare un'aspirina fossero necessarie le istruzioni). Il tutto a sua volta viene messo dal farmacista in una busta contenitrice insieme allo scontrino con il prezzo. Attenzione, però, che le scatoline sono arrivate in farmacia in grandi contenitori di cartone insieme a bolle di consegna, a fatture, a ricevute e a chi più ne ha più ne metta. Paragoniamo adesso il peso totale di tutti gli imballaggi con quello minuscolo della pasticchina che va a fare il suo dovere entrando nello stomaco del malato e calcoliamo quanto viene gettato via e quanto viene ingurgitato.

Giunti a questo punto, esaminiamo il problema dal punto di vista dinamico. Rimuovere l'immondizia non vuol dire soltanto mettere in ordine un luogo, ma anche disordinarne un altro. Sorge così il vero problema delle discariche abusive e delle conseguenti proteste dei paesi scelti come luoghi di raccolta. Ci comportiamo, in pratica, come quelle domestiche che per fare prima nascondono la polvere sotto i tappeti.

Un posto giusto potrebbe essere la Luna. L'unico inconveniente sarebbe quello delle canzoni: invece di *Venezia, la Luna e tu*, bisognerebbe cantare *Venezia, la Luna, la monnezza e tu*.

Socrate al fast food

SOCRATE Mio caro Fedone, è da questa mattina che discutiamo se la fame sia per l'uomo un bene o un male: io penso che essa stimoli la creatività e tu invece la temi come il peggiore nemico per la vita dello spirito. Ora, tanto per restare in argomento, che ne diresti di placare il nostro appetito con un buon pasto alla trattoria di Sarambos?

FEDONE Senza dover camminare fino a fuori le mura, forse potremmo, da buoni filosofi, consumare un pasto veloce proprio in questa zona.

SOCRATE Che io sappia, qui dove siamo, non c'è nessuna taverna che possa darci qualche galletta di *maza* o un mezzo chilo di sardine.

FEDONE Guarda davanti a te, o maestro, e ti accorgerai che in pratica siamo già arrivati: la vedi tu quella fila di ragazzi che aspetta lungo il marciapiede? Ebbene, sappi che essi stanno per entrare in un luogo dove si mangia senza mai indulgere al piacere.

SOCRATE Sono lieto che tra i giovani sia sorta una corrente di pensiero contro le lusinghe della tavola.

FEDONE Codesto nuovo modo di cibarsi è chiamato *fast food*, espressione barbara che nei Paesi al di là delle colonne di Ercole sta per "cibo veloce". Si dice che in tutto il

Paese siano più di cinquemila i ristoratori che hanno già deciso di trasformare i loro locali in fast food.

SOCRATE E cosa offrirebbero da mangiare?

FEDONE In genere carne tritata ai ferri e patate fritte.

SOCRATE Per quanto mi riguarda, non ho paura di provare, mio buon Fedone, uniamoci ordunque ai giovani e speriamo che gli Dei apprezzino il nostro sacrificio.

FEDONE Ti avviso, o Socrate, che, non essendo tu allenato a codesto tipo di alimentazione, potresti in seguito avere problemi di carattere digestivo!

SOCRATE Non dire sciocchezze, o Fedone! Durante l'assedio di Potidea mangiai cose ben più disgustose. Piuttosto dimmi: che cos'è questo strano odore che impregna l'aria?

FEDONE In verità lo ignoro: potrebbe essere l'olio fritto delle *french fries* o il sudore dei clienti, ma tu maestro non dartene pensiero giacché è proprio l'odore che avverti ad attirare i giovani nel fast food.

SOCRATE Ho capito: questi giovanotti devono essere tutti filosofi cinici. Ricordo che una sera invitai il loro capo Antistene a un banchetto in casa di Agatone: si trattava di un pranzo di nozze dove venivano servite anguille del lago Copaide e vino di Rodi. Ebbene, sai tu cosa mi rispose il vecchio pazzo? Mi disse: «No che non vengo, o Socrate! Preferirei morire piuttosto che provare del piacere!».

FEDONE Quello è sempre stato un esaltato.

SOCRATE Forse è come tu dici, o Fedone, però io adesso, negli occhi del giovane che mi sta accanto, scorgo la stessa voglia di soffrire che vidi sul volto di Antistene. Sono così sicuro di me che vorrei sincerarmene subito... «Dimmi, mio giovane amico: perché mai vuoi mortificare il tuo gusto? Sei forse anche tu un seguace di Antistene?»

RAGAZZO *De chi?*

SOCRATE Di Antistene di Atene, il cinico.

RAGAZZO Il batterista degli Squallor?

SOCRATE Ora che ci penso, Antistene potrebbe anche essere stato uno Squallor da ragazzo, ma non è di questo che voglio parlare. Ciò che invece vorrei sapere è perché tu, che dall'aspetto sembri un benestante, preferisci soffrire insieme ai tuoi amici.

RAGAZZO *E a te che te frega?!*

SOCRATE Dai tuoi modi aggressivi deduco che sei un cinico.

RAGAZZO Un cinico io?!

SOCRATE Sì, un seguace di Antistene.

RAGAZZO *'A Coma Profondo, ma chi è 'sto Antistene?! E lassame perde'!*

SOCRATE Ho paura, caro Fedone, che ci siamo sbagliati di grosso: costoro non sono filosofi. Sono solo giovani schiavi, ridotti in questo stato pietoso da un feroce trattato di pace. Evidentemente gli americani, allorché vinsero la Seconda guerra mondiale, imposero delle condizioni che noi ignoriamo e che ancora oggi gravano sui popoli vinti.

FEDONE Fino a questo punto!

SOCRATE D'altra parte anche gli ateniesi hanno sempre infierito sugli sconfitti con pene e umiliazioni. Agli egineti fu amputato il pollice destro perché potessero maneggiare il remo ma non la spada e alla gente di Samo venne impresso sulla fronte con il ferro rovente il disegno di un piede, per ricordare loro che sarebbero sempre vissuti sotto il tallone di Atene. Al confronto cosa vuoi che siano cinquemila fast food, un paio di *Rambo*, una bevanda gassata e gli applausi registrati delle soap opera?

Pitagora e il burocratese

Tutto cominciò con Pitagora nel VI secolo a.C. Un giorno l'illustre filosofo disse ai suoi discepoli: "Ragazzi, qua gli uomini si dividono in due categorie: i *matematici*, che poi saremmo noi, e gli *acusmatici*, che sarebbero tutti gli altri. I primi posseggono la conoscenza (*màthema* in greco) e sono per questo sempre rispettati, gli altri invece non contano nulla: devono solo sentire e basta. Ciò premesso, è bene che voi da oggi in poi non vi facciate più capire: ogni volta che siete in presenza di un estraneo, ovvero di un acusmatico, parlate per codici, usando parole incomprensibili, se non addirittura dei numeri. Solo così riuscirete a conservare il potere".

I discepoli non se lo fecero dire due volte e s'inventarono *ipso facto* il primo linguaggio per addetti ai lavori. Si racconta infine che uno degli allievi, tale Ippaso, abbia tradito il maestro e si sia messo a divulgare i segreti della setta, per la cronaca numeri irrazionali.

Ebbene, non fece molta strada: colpito dalle maledizioni di Pitagora, naufragò a poche miglia da Crotone, mentre cercava disperatamente di prendere il largo.

Da quel giorno, nel mondo accademico, i divulgatori furono sempre considerati dei traditori della categoria, degni del massimo disprezzo.

Dal linguaggio accademico al burocratese il passo è breve: resosi conto che l'incomprensibilità conferisce potere, anche il burocrate si è adeguato. E cosa ha fatto? Si è inventato tutta una serie di neologismi atti a gettare il cittadino nel più nero sconforto.

Facciamo qualche esempio: a Napoli, quando ci fu il colera, il telegiornale, invece di dare la colpa alle cozze, la dette ai mitili, e i napoletani non sapendo bene cosa fossero i mitili, continuarono a mangiarsi le cozze. Una volta, sempre a Napoli, ero nella guardiola del mio portiere Salvatore (quello di *Così parlò Bellavista*). Eravamo io, Salvatore e Papiluccio, un piccolo bastardo tutto nero raccolto da Salvatore nella monnezza a Santa Lucia. Ascoltavamo il giornale radio. Disse lo speaker: «... l'evaso è stato catturato con l'ausilio delle unità cinofile...». Salvatore mi chiese: «Ingegne', che so' queste unità cinofile?». «Sono i cani, Salvato'» risposi io. «Gesù Gesù» disse lui guardando Papiluccio «e io tenevo un'unità cinofila da quattro anni e non lo sapevo!» Papiluccio mosse la coda.

Sempre in tivù, non ho mai sentito un solo medico pronunziare la parola febbre: dicono tutti "temperatura corporea", ritenendo forse che febbre sia un sostantivo troppo volgare per essere usato da persone del loro livello. La febbre uno se la può misurare anche da solo, se chiama un dottore è perché vuole sentirsi dire almeno che ha la temperatura corporea: altrimenti che lo ha chiamato a fare?

L'importante per il burocrate è non farsi capire: più il suo linguaggio sarà incomprensibile, e più aumenterà il suo prestigio. Spesso e volentieri anche l'individuo acculturato va in crisi. Io, per esempio, ogni volta che devo firmare un contratto di fitto, resto sempre lì incerto, come un imbecille, se apporre la firma sotto la dicitura il conduttore o sotto quella del locatario. Premesso che per me il conduttore è un personaggio televisivo, mi chiedo chi sarà mai questo locatario; se colui che loca un appartamento di sua proprietà, o colui che loca l'appartamento di un'altra persona. Ma perché tante complicazioni, continuo a imprecare, quando esistono due paroline facili facili come proprietario e inquilino?

Non c'è limite al sadismo del burocrate: di esempi ne potrei fare a centinaia. Il più significativo di tutti, però, resta quello di piazza di Spagna, a Roma. Scendendo dalla scalinata di Trinità de' Monti, subito sulla destra, fa bella mostra di sé un cartello del Comune con la scritta "Stazionamento per auto pubbliche a trazione ippica", in altre parole, parcheggio per carrozzelle.

Ebbene, io vorrei proprio conoscere l'autore di questa frase: vorrei trascinarlo in tivù, in un'ora di massimo ascolto, per poi chiedergli cosa trovi di così turpe nella parola "carrozzella" e per dargli un calcio nelle zone retrostanti, volgarmente dette culo.

Da Socrate a Storace

In questo gran parlare che si fa di omosessualità, come non riandare con il pensiero al cosiddetto "amore greco", quello di cui tratta Platone nel *Simposio*?

Socrate, pur essendo l'anagramma preciso di Storace, in materia di omosessualità la pensava in modo del tutto diverso dall'ex governatore della Regione Lazio.

Cominciamo con il dire che aveva una moglie, Santippe, della sua stessa età, in più un'amante diciottenne di nome Mirto, di professione collaboratrice familiare, e la bellezza di almeno quattro baldi giovanotti chiamati Agatone, Fedro, Erissimaco e Alcibiade, con i quali spesso e volentieri andava a letto. Ciò nonostante, era considerato da tutti una persona di alto livello morale.

Bellissimo il finale del *Simposio* dove Alcibiade, arrivando a fine cena, accusa senza mezzi termini il maestro. "Amici miei" dice Alcibiade, "voi non potete immaginare quanto mi fa soffrire quest'uomo. Io le studio tutte per unirmi a lui e lui non fa altro che prendermi in giro. Un giorno... lo invitai a casa mia, proprio come fa un amante che tende una trappola al suo amato... Gli chiesi di dormire insieme nello stesso letto e lui freddamente mi rispose: 'Mio caro Alcibiade, tu vuoi barattare la mia conoscenza del mondo con la tua bellezza. Dovresti renderti conto, però, che è come scambiare l'oro con il rame, e che a me, sinceramente, non conviene'. E ora eccolo lì che mi guarda e che se la ride sotto i baffi. Per farmi dispetto si è seduto proprio accanto al più bello di tutti noi, accanto ad Agatone."

Tutte queste cose Alcibiade le dice ad alta voce, davanti a tutti, senza alcun problema, il che sta a significare che all'epoca nessuna critica poteva essere rivolta nei confronti degli omosessuali. Tutti i greci erano omosessuali, anzi erano bisessuali. Plutarco nel suo libro sull'Amore dice testualmente: "Se qualcuno mi chiede qual è il sesso che mi affascina di più, io rispondo: purché ci sia la bellezza, non sto a vedere se l'amante è maschio o femmina".

L'unica differenza, infatti, era quella tra l'amore materiale, gestito da Afrodite Pandemia, e l'amore spirituale, protetto da Afrodite Urania. In ogni unione, poi, c'era un amante anziano chiamato *eraste*, e un amante più giovane chiamato *eromene*, e il rapporto non si limitava al sesso ma si estendeva anche all'insegnamento, questo da parte del più anziano, cioè dell'*eraste*, nei confronti dell'*eromene*: era quindi nel medesimo tempo un incontro erotico e un'attività pedagogica. Quello che è certo è che nessuno, ma proprio nessuno, se ne scandalizzava. Nell'*Iliade*, tanto per dirne una, l'ira funesta del Pelide Achille si giustifica solo se si tiene conto che tra lui e Patroclo esisteva un rapporto omosessuale di grande intensità.

A questo punto ci si chiede: ma quando e perché è mutato il giudizio delle masse nei confronti degli omosessuali? Giorno più, giorno meno, io collocherei la data dell'inversione di rotta al 27 ottobre del 312 d.C., il giorno in cui Costantino, dovendo battersi con le truppe di Massenzio, e vedendo apparire in cielo una croce fiammeggiante con la scritta "*In hoc signo vinces*", decise di aprire a destra, ovvero alla Democrazia cristiana dell'epoca. Fu infatti l'avvento del cristianesimo a demonizzare il sesso in tutte le sue forme possibili, omo o etero che fossero, sempre se non finalizzate alla riproduzione della specie. Questa presa di posizione della Chiesa, in verità, non l'ho mai capita. Ma che male c'è a fare l'amore? Che poi lo si faccia con una persona dello stesso sesso o con una del sesso opposto non vedo proprio dove si nasconderebbe il male. L'unico peccato, infatti, che riesco a immaginare, è quello dove si fa del male a qualcuno. Ora, se i due amanti sono consenzienti, ed entrambi maggiorenni, perché proibire il sesso? È mai possibile farlo solo quando si è deciso di procreare? Chiedo scusa per l'ingenuità di queste domande, ma è da tanto che mi girano nella testa.

Grande fratello, la consolazione di zia Carmela

Non posso fare a meno di chiedermi perché il *Grande fratello* piaccia tanto al pubblico italiano.

All'inizio l'ho guardato per curiosità: cinque minuti e basta. Poi la noia mi ha preso. "Il tempo" mi sono detto "è una cosa troppo preziosa perché io lo possa perdere per ascoltare il Nulla." Eh già perché proprio di questo si tratta, del Nulla, questa volta, però, scritto con la N maiuscola. Ci sono dei giovanotti e delle signorine che si aggirano in un appartamento e che parlano tra loro. Qualche volta danno l'impressione di voler fare del sesso, qualche volta no. Lo faranno o non lo faranno, a me la cosa non può importare di meno. Fatti loro, mi dico, e cambio canale. Mai un argomento che possa interessare uno spettatore del mio tipo. Che so io: un fatto di cronaca, uno scivolone dell'euro, il dilagare della pedofilia e via dicendo. Ora io non pretendo che si parli sempre dell'avere e dell'essere, ma di un qualcosa che mi possa coinvolgere sì.

Qualche settimana dopo, visto l'eccezionale rilievo dato dalla stampa all'evento, mi sono imposto l'ascolto forzato di almeno una puntata. È stato terribile, e ancora di più è sorta in me spontanea la domanda: "Ma perché un italiano su tre, di quelli che la sera accendono la televisione, lo vede?". E come sempre la prima risposta che mi è venuta in mente è stata quella secondo la quale "tutti lo vedono perché tutti lo vedono". Come dire che ognuno di noi lo vede per non sentirsi poi impreparato nel caso che il giorno dopo qualcuno, in ufficio o in metropolitana, gli chieda che cosa ne pensa del *Grande fratello*. Ma anche questa spiegazione non ha retto alla distanza. Visto una volta, il *Grande fratello* è un programma troppo ripetitivo perché se ne possa parlare, fatta eccezione, forse, per i personaggi eliminati di volta in volta dal pollice verso del grande pubblico. Poi sono andato a trovare zia Carmela e ho capito.

Zia Carmela ha dodici anni più di me. Vive da sola a Roma in un appartamentino nella zona Prati. Ha tre figli, tre nuore e alcuni nipoti. Nessuno, però, dei suoi parenti più stretti, me compreso, la va a trovare per farle un po' di compagnia. D'altra parte è così che vanno le cose oggi. Le famiglie patriarcali, quelle dove si viveva tutti insieme, nella stessa casa, intorno a un focolare, sono ahimè scomparse. I nipotini se ne vanno in giro e tornano tutti dopo mezzanotte: hanno tanti amici e tante cose da fare, tipo Internet per esempio. Nei prossimi decenni, mi dicono, la situazione diventerà ancora più drammatica. In un Paese come il nostro, dove la denatalità ha raggiunto livelli record e dove la vita media aumenta a dismisura per colpa dei vecchi che si rifiutano di morire, questo è il minimo che ci dobbiamo attendere: tanta solitudine e soprattutto tanta televisione.

Riassumendo, a zia Carmela il *Grande fratello* tiene compagnia. Per lei quei giovanotti e quelle signorine nulla-dicenti sono dei parenti acquisiti che le stanno intorno. E anche lei, come Alice nel paese delle meraviglie, è entrata nello specchio, anzi nel video, perché, così facendo, non si sente più sola.

Lettera aperta a una sessuologa

Una sessuologa scandinava ha definito il maschio italiano il partner migliore esistente sulla piazza, soprattutto se valutato sulla tenuta delle due settimane, e di questo la ringrazio commosso, anche a nome dei miei compatrioti. Ciò nonostante, mi permetto di dissentire dalla sua analisi, essendoci stato in questi ultimi anni, dalle nostre parti, un sensibile calo della libido. Cominciando dal sottoscritto, infatti le due settimane rappresentano un impegno proibitivo, e a tale proposito la pregherei d'informare le sue graziose connazionali che, mentre sulla breve distanza, ovvero sul weekend, possiamo ancora dire la nostra, sul ponte di quattro giorni non rilasciamo alcuna garanzia.

Tempo fa sono stato ospite di uno show televisivo dove si esibivano dodici fanciulle pressoché nude, o per meglio dire "vestite" solo di disegni zodiacali. Stavamo tutti assiepati dietro le quinte del Teatro Romano di Benevento in attesa di essere chiamati da Pippo Baudo. Presenti, tra i tanti artisti, anche cinquanta studenti di una scuola locale vestiti da personaggi di Walt Disney. Ebbene, ho avuto modo di osservare come nessuno dei ragazzi si sia mai voltato a guardare le modelle. Gli unici ad avere lo sguardo stravolto eravamo: io, i pompieri, i carabinieri e il funzionario di servizio.

Da che cosa dipende il calo della libido delle nuove generazioni? Non lo so, non sono un esperto in materia. Al massimo potrei definirmi un dilettante, nel senso letterale del termine. Provo quindi ad avanzare solo delle ipotesi, e a tale proposito cito due versi di un'antica canzone napoletana: "*Le tue trezze nere me mettono / int'o core mille male pensiere*".

Ora la mia tesi è che i "*male pensiere*" (e con essi il testosterone) siano direttamente proporzionali alle difficoltà che s'incontrano nel convincere l'altro sesso. L'erotismo, in altre parole, sarebbe una molla che scatta solo se qualcuno, in precedenza, ha provveduto a comprimerla.

Dicevano i futuristi: "Perché solo la Vista e l'Udito debbono godere dell'arte? E il Tatto? Che vi ha fatto di male il Tatto per privarlo dei piaceri estetici?". E s'inventarono le mostre tattili, ovvero rassegne di opere che si potevano solo toccare. Il visitatore immergeva la mano in uno scatolone di legno ed entrava in contatto con il capolavoro. Fuori il titolo (*L'Eternità, L'Invidia, L'Infinito*) e dentro l'opera (uno strato di ovatta, una spazzola, una pezza bagnata). Una delle opere era intitolata *Erotismo*, e fu grazie a essa che riuscii, finalmente, a capire il mistero del sesso. Si trattava di una tavoletta di gomma, quadrata, larga all'incirca quaranta centimetri per quaranta e alta cinque. Nella gomma erano stati praticati trentasei buchi, tutti in fila per sei. Su un cartello si leggeva: "Introducete un dito nel buco preferito, facendo attenzione, però, perché in uno dei buchi è nascosto un chiodo rivolto verso l'alto". Infilai subito l'indice nel primo foro in alto a sinistra e, non trovando nessun chiodo, proseguii, con cautela, a esplorare tutti gli altri pertugi. Più andavo avanti e più avevo paura di pungermi. Solo alla fine, quando mi resi conto che non c'era nessun chiodo, capii il messaggio dell'artista. L'erotismo è una stanza buia dove si entra con molta curiosità e con un pizzico di paura, è il possesso della persona amata unito all'ansia di perderla, è la continua ricerca del limite. Se invece accendiamo la luce, sparisce tutto il piacere e con esso anche l'erotismo.

Da Rambo a Ganimede

Ci viene segnalata un'inversione di tendenza dei canoni della bellezza maschile: fino a poco tempo fa era Rambo, tutto muscoli e violenza, oggi è di nuovo Ganimede, il pupillo di Giove che, grazie al suo viso d'angelo, mise in cassa integrazione la povera Ebe.

Ora dico io: ma come si fa a passare da Stallone al giovane Tadzio di *Morte a Venezia* senza fermarsi a una stazione intermedia, tipo Montgomery Clift?!

L'inversione di tendenza è pericolosa: qui si scivola nella grecità. L'"amore greco" era contrassegnato da un'accesa preferenza per gli efebi. Da Socrate ad Aristotele, non c'è stato filosofo che non abbia avuto il suo *amasio*.

Ecco come Pausania, nel *Simposio* di Platone, descrive l'amore greco: "Di modi di amare ce ne sono due: quello celeste di Afrodite Urania e quello volgare di Afrodite Pandemia. Gli uomini in genere praticano il secondo, corrono dietro alle donne, desiderano i loro corpi più che le loro anime e intenti come sono a raggiungere un così misero scopo, finiscono col prediligere le persone più stupide. Al contrario, il vero amatore, quello celeste, preferisce i giovani maschi, ammirandone la natura più forte e l'intelligenza più viva".

Perché preoccuparsi? Perché da quello che dicono i libri

di storia, il declino dell'Impero romano iniziò per colpa di quattro eventi sovrapposti: la corruzione dei funzionari di Stato, l'avvelenamento chimico dovuto ai tubi di piombo delle condutture dell'acqua, il declino fisico nei confronti dei barbari e le mollezze dell'amore greco. Ora, anche se non c'è più un impero da perdere, la corruzione non manca, i veleni neppure (metanolo, cesio e affini) e il fisico lascia un po' a desiderare dal momento che i barbari ci battono nel calcio. Non resta che perdere la testa per un efebo dal viso d'angelo e siamo belli e pronti per affrontare un nuovo Medioevo.

Libri, somari e carote

Anni fa ho trascorso buona parte della Settimana del Libro a girare per librerie in compagnia di un somarello di nome Rosina. Sono stato a Napoli, nella Galassia Gutenberg, a Roma, nel centro commerciale di Cinecittà Due, e a Milano, nell'Ottagono in Galleria. Dovunque ho provato a fare un esperimento scientifico: ho posto sul tavolo, a un metro di distanza dal muso della povera bestia, un libro e una carota, e, incredibile a dirsi, Rosina ogni volta si è fiondata sulla carota.

I presenti ridevano di cuore e nessuno si rendeva conto che stavo parlando proprio di lui, dell'uomo che non ha mai letto un libro, ovvero di due terzi dei nostri compatrioti. La maggior parte degli italiani, infatti, la sera, dopo cena, tra un buon libro e una carota televisiva, sceglie sempre, inevitabilmente, la carota, anche quando questa non è di prima qualità.

Ma perché bisogna leggere? Perché tra un lettore e uno spettatore televisivo la differenza è abissale. Quando si legge un libro infatti, per quanto bravo possa essere stato l'autore, le informazioni che ne riceviamo sono sempre incomplete. Supponiamo, per esempio, che io stia leggendo *Delitto e castigo*, ebbene, la faccia dell'usuraia Alena Ivanovna, il vestito di Raskol'nikov, il vociare ubriaco di Marmeladov, la tappezzeria gialla della stanza del delitto e il grigiore plumbeo del cielo di San Pietroburgo debbo sempre immaginarmeli io, e questo mi fa crescere la fantasia, mi allarga l'anima, mi fa vivere una seconda vita.

Lo spettatore di una telenovela, invece, non deve sottoporsi a nessuno sforzo. Tutto gli viene servito, direttamente in poltrona, nei minimi particolari: le facce, gli ambienti, i gesti, le voci. Lui può restarsene passivo, immobile come una statua, davanti al televisore, e la sua immaginazione ha tutto il tempo per riposare.

La televisione è dunque il nostro nemico? Non sono così irriconoscente da dichiararlo (in particolare io che debbo quasi tutto al tubo catodico). Il problema piuttosto sta nella misura: due ore al giorno sono stimolanti, cinque ore letali.

Le mie riflessioni vanno indirizzate in particolar modo ai genitori. Fate in modo che i vostri figli imparino a leggere e vi accorgerete che la loro vita cambierà da così a così. Come già detto, la povertà del futuro sarà l'ignoranza, e le differenze sociali degli anni a venire saranno stabilite, più che dal denaro, dalla cultura di chi sa qualcosa e di chi non sa niente. D'altronde la fantasia, al pari dei muscoli, se non viene esercitata si atrofizza.

La mente ha bisogno di libri così come il corpo ha bisogno di proteine, e dal momento che all'inizio il leggere è sul serio una "fatica", che si usino pure tutti i generi di lettura, anche quelli considerati minori, per abbattere il muro della pigrizia: magari i fumetti, Salgari, Liala, Agatha Christie, Simenon, e perché no, anche De Crescenzo. Più volte, infatti, mi sono definito una di quelle scalette di soli tre gradini che si trovano nelle biblioteche: modeste nelle dimensioni, ma indispensabili per poter prendere i libri che si trovano più in alto.

Mi ha preso una "libridine"

Il "libridinoso" lo si riconosce da come rallenta davanti a una libreria: non appena avverte la presenza di una grossa concentrazione di carta stampata, si blocca, dà uno sguardo morboso alla vetrina, vorrebbe allontanarsi ma non ce la fa, esita ancora un poco, poi alla fine, gettata la spugna, entra e si precipita verso il banco.

Magari quel giorno ha anche un po' fretta, un appuntamento di lavoro o d'amore, ma la tentazione è più forte di qualsiasi altro impegno: una forza sconosciuta lo scaraventa all'interno, lo costringe ad aggirarsi fra i banchi, a guardare freneticamente i titoli, i colori, le copertine e le fascette con le tirature. Cos'è che sta cercando con tanta disperazione? Ha forse bisogno di comprare qualche libro in particolare? Vuole informarsi sulle ultime novità editoriali? Niente di tutto questo: il "libridinoso" è semplicemente attratto dalla presenza dei libri, vorrebbe toccarne il più alto numero possibile, e, nei casi più gravi, vorrebbe annusarli.

Amare un libro, non solo per il contenuto, ma soprattutto per la sua fisicità, per il suo essere materia tangibile, è una malattia come un'altra. Per gli individui affetti da questo morbo il libro, una volta letto, cessa di essere una delle tante copie in circolazione di un testo e diventa parte integrante del proprio corpo e, come tale, non può essere più ceduto in prestito a nessuno. È memoria viva, è carne della propria carne, è deposito distaccato dell'anima.

Il vizioso di solito, quando legge, sottolinea i passi preferiti. È un modo come un altro per marchiare un testo, per metterci sopra la propria firma. Chi sottolinea una frase non lo fa per rintracciarla un domani più facilmente, ma solo per rendere visibile il suo gradimento. Quasi a significare: qui mi sono emozionato e voglio che si veda. A volte il "libridinoso" si affeziona perfino ai libri che disprezza. Se qualcuno gli regala il romanzo di uno scrittore che non ama, lui, diligentemente, lo ripone in uno scaffale e lo abbandona per sempre alla polvere: non ne leggerà mai una pagina, ma non avrà nemmeno il coraggio di buttarlo via. Bello o brutto che sia resta sempre un libro, e, in quanto tale, un oggetto da rispettare.

Riflettiamo un attimo sull'utilità di una biblioteca domestica. Oggi una famiglia di buona cultura, tra romanzi, saggi e strenne natalizie, finisce quasi sempre con l'accumulare un migliaio di titoli: come dire un paio di metri cubi di casa da destinare ai libri vita natural durante. D'altra parte, come dice Ignazio Buttitta "una casa senza libri è una stalla". Ci si chiede: ma è poi così importante averli tutti a portata di mano? Quanti di essi verranno riletti? Che probabilità ha un romanzo come *Delitto e castigo* di essere letto una seconda volta? Praticamente nessuna, eppure guai a chi ce lo tocca! Se per caso un amico ce lo chiede in prestito lo guardiamo con odio: sicuri che non ce lo restituirà mai, preferiremmo dargli direttamente i soldi del prezzo di copertina piuttosto che vederlo uscire con il nostro libro sotto il braccio.

Qualcuno potrebbe obiettare che, a meno di manoscritti rari o di testi introvabili, in caso di mancata restituzione potremmo sempre ricomprarne un'altra copia. Sì, ma non sarebbe più quel libro, quello sul quale abbiamo letto e ci siamo emozionati.

Papà e mammà in Paradiso

Mia madre, Giulia Panetta, nacque nel 1883 in via Mancini alla Duchesca. A quarant'anni era ancora zitella. La gente del quartiere diceva: "*Puverella, nun ha avuto 'a ciorta!*" e cioè "non ha avuto fortuna". E invece, quando ormai si era rassegnata, ecco comparire all'orizzonte un uomo di mezz'età con idee matrimoniali: commerciante, capelli bianchi, occhi azzurri e una "buona nominata". Gli informatori di famiglia dissero: "È tanto una brava persona, non tiene nemmeno un debito!". Una volta sposati, andarono a vivere a Santa Lucia.

Quando nacqui io, papà aveva cinquant'anni e mamma quarantacinque. Questa grande differenza di età tra me e loro ha fatto sì che nessuno dei due abbia potuto seguire l'evolversi della mia vita. Papà mi lasciò che ero appena entrato all'università e mamma quando ancora non avevo dato le dimissioni dalla IBM. Io non so se esista il Paradiso e se loro se lo siano guadagnato, ma lo spero moltissimo. Per mia madre non ho dubbi: se ci fosse un Paradiso da qualche parte, lei sarebbe lì. Diciamo che le spetterebbe di diritto. Casa negozio e chiesa, chiesa negozio e casa, *mammà* non ha fatto altro che lavorare e pregare per tutta la vita. Quanto a mio padre, invece, ho qualche perplessità, a causa di quella sua abitudine di prendersela con il

Padreterno nei momenti difficili. Però, a pensarci bene, non è che bestemmiasse nel vero senso della parola. Ogni volta che cominciava a dire un "Mannaggia a..." c'era subito un "Sempre sia lodato" di mia madre che gli copriva l'imprecazione.

Probabilmente il Paradiso esiste sul serio: se non abbiamo notizie di prima mano, è perché le anime celesti che lo abitano non possono comunicare in alcun modo con noi e non sanno quello che succede sulla Terra. Sono così isolati che ogniqualvolta giunge un carico di anime, papà e mamma sono lì, sulla soglia del Paradiso, che chiedono informazioni a tutti i napoletani in arrivo.

«Da dove venite?»

«Da Napoli.»

«Da quale quartiere?»

«Dal Vomero.»

«Sapete niente di un certo Luciano De Crescenzo?»

«Chi, lo scrittore?»

«No, mio figlio è ingegnere» risponderebbe mia madre con una punta d'orgoglio. «Ingegnere alla Upim.»

Sono stato quasi vent'anni alla IBM, ma a mia madre, chissà perché, non è mai entrato in testa il nome di questa azienda: la confondeva con la Upim.

«Veramente c'è un Luciano De Crescenzo ingegnere, che presenta i computer in televisione» direbbe il nuovo venuto «però, vi ripeto, è sempre quello di prima: lo scrittore. Tiene i capelli grigi e la barba bianca. Vostro figlio tiene la barba?»

«No, ma quale barba» esclamerebbe mia madre. «Lì alla Upim non gli permetterebbero mai di farsi crescere la barba. E poi mio figlio è timido: non è il tipo di persona che potrebbe fare il presentatore televisivo. È tanto un bravo ragazzo!»

«Scusate se insisto» continua l'anima «ma questo vostro figlio non è per caso quello che ha fatto il regista di *Così parlò Bellavista*? Sapete perché ve lo chiedo? Perché a me questo film è piaciuto moltissimo. Pensate che me lo sono visto tre volte!»

«No, non è mio figlio: quella che dite voi è tutta un'altra persona.»

Poi, un bel giorno (o un brutto giorno, se proprio la vogliamo vedere da un'altra angolazione), arriverei pure io in Paradiso.

Immaginatevi l'incontro: abbracci e baci, lacrime di mia madre, domande di papà che si accavallano con le mie, insomma tutta una vita da raccontare in pochi minuti.

«Come stai?»

«Abbastanza bene, tenuto conto che sono appena morto.»

«Ma che cosa hai fatto in tutto questo tempo? Racconta! Comunque non ti preoccupare, dicci tutto con calma: tanto qua, se c'è una cosa che non manca, è il tempo.»

E io racconterei la mia vita dalla loro scomparsa in poi: il lavoro da ingegnere, i computer, le dimissioni dalla IBM, i primi libri, le trasmissioni televisive, il volume fotografico su Napoli, la *Storia della filosofia greca*, i film, il trasferimento a Roma eccetera eccetera.

«Scusami, toglimi una curiosità» direbbe mio padre «ma tu non avevi detto che volevi fare l'ingegnere idraulico? E poi ti sei messo a lavorare nei computer!»

«Sì: scelsi idraulica perché avevo sentito dire che l'Italia era una nazione idraulicamente dissestata. Dighe da fare, argini da controllare, alluvioni, smottamenti, frane, comuni privi di fognature. Insomma, a quell'epoca ero convinto che gli ingegneri idraulici fossero indispensabili...»

«E invece?»

«E invece per trovare un posto fisso sono stato costretto a buttarmi nei computer.»

«E poi?»

«Poi, a un certo punto, quando ero già diventato dirigente, mi sono scocciato di andare ogni giorno in ufficio e detti le dimissioni.»

«Gesù, Gesù» direbbe mia madre, «a rischio di finire in mezzo a una strada!»

«Così cominciai a fare lo scrittore.»

«Allora aveva ragione quel signore l'anno scorso. Giulia, te lo ricordi quel signore di Milano che arrivò con tutta la famiglia perché aveva avuto la disgrazia sull'autostrada?»

«Come no! Quello diceva: "Signora, le assicuro che suo figlio fa lo scrittore". E io dicevo: "Ma non può essere, voi state scherzando". E lui a insistere: "Ma si figuri se ho voglia di scherzare dopo quello che mi è successo!".»

«E che si può guadagnare facendo lo scrittore?» chiederebbe mio padre.

«Be', se si ha la fortuna d'imbroccare un bestseller, ma uno di quelli che durano tanto, si possono fare anche molti soldi.»

«E tu quanto hai guadagnato?»

Starei lì lì per dirlo, ma mia madre mi consiglierebbe di abbassare la voce.

«Ssss... *nun te fa' sentì*: qua sono tutti invidiosi.»

«Ma non siamo in Paradiso?»

«Sì, ma è meglio non far sapere i fatti propri agli altri» insisterebbe *mammà*, guardandosi intorno.

«Dunque, con la filosofia greca, che è stata tradotta un po' dovunque, perfino in Giappone, su per giù ho guadagnato...»

E qui, seguendo il consiglio di mamma, direi sottovoce la cifra complessiva.

«Milioni?!!!» esclamerebbe mio padre al colmo dello stupore.

«Si capisce: milioni» ripeterei io.

«Ma allora tu sei milionario?!»

«Papà, oggi in Italia, in lire, sono tutti milionari!»

«Gesù, Gesù, *cos'e pazze*! E chissà quanti guanti si vendono.»

«In verità, di guanti se ne vendono pochi.»

«In che senso?»

«Nel senso che nessuno usa più i guanti per uscire.»

«Hai capito Giulia» direbbe mio padre alla mamma. «Milionari sì, ma eleganti no! Non c'è niente da fare, io l'ho sempre detto: eleganti si nasce. Uno può anche diventare ricco da un momento all'altro, però se non ha classe resta sempre 'nu pezzente!»

«A proposito, papà: qua sopra avete mai incontrato uno che si chiama Socrate?»

«Uno vestito una schifezza, *curto e chiatto e cu 'na faccia 'e cane bulldog*?»

«Sì, proprio lui.»

«Gira sempre da queste parti, però se vuoi un consiglio, tieniti alla larga. È uno di quelli che quando ti attacca bottone non te lo stacchi più di dosso. Hai voglia di dirgli: "Socrate, hai ragione" che lui subito ti risponde: "E dal momento che mi dai ragione, ammetti di sapere da che parte sta la ragione?". Insomma, figlio mio, se vuoi vivere tranquillo ci sono quattro o cinque persone qua sopra che devi scansare: Socrate, Cicerone, Silvio Pellico e Cambronne.»

Quel salotto di Atene

A scuola si diceva: "La filosofia è quella cosa con la quale e senza la quale il mondo resta tale e quale". Ebbene, credetemi: nulla di più inesatto è stato mai detto. La filosofia forse (e in questo "forse" c'è già molta filosofia) è l'unica attività umana in grado di cambiare l'esistenza di un uomo. Se tanti nostri politici avessero praticato di più la filosofia, forse non avrebbero commesso tutte quelle sciocchezze che poi hanno finito con il commettere.

Cerchiamo, allora, una definizione migliore. Il significato etimologico della parola (da *phílos*, amico, e *sophía*, sapienza) ci aiuta ben poco: si può benissimo amare la sapienza e la cultura senza per questo essere filosofi. Proviamo, semmai, a definirla così: "quell'attività mentale che cerca di valutare il senso delle cose".

In altre parole, se è vero che tutto ciò che capita nella vita ha una sua importanza, più o meno grande, cerchiamo, a forza di raffronti, di costruirci una scala di valori su misura, sulla quale poter poi compiere le nostre scelte. È più importante, tanto per dirne una, il Potere, il Successo, l'Amore, il Denaro, la Libertà, il Sesso o la Felicità del prossimo? Ebbene, stabilire una graduatoria del genere vuol dire fare filosofia. Lo so che, giunti a questo punto, i filosofi, quelli veri, storceranno il naso. Per loro la filosofia è tutt'altra cosa: diranno che è solo filosofia spicciola, buona tutt'al più a scrivere i biglietti dei Baci Perugina. Ma qui noi si sta parlando tra gente comune, tra non addetti ai lavori. Vuoi vedere, invece, che a forza di parlarne così, terra terra, si finisce col convincere qualcuno a riflettere un po' di più, e magari anche col diminuire il numero dei suicidi?

All'inizio della storia del pensiero, la filosofia, a seconda dell'argomento trattato, si divideva in fisica, etica, estetica, politica, poetica, metafisica, ontologia e chi più ne ha più ne metta. Poi, con il passare del tempo, alcune di queste branche hanno ritenuto opportuno mettersi in proprio, lasciando la sola ontologia a fare gli onori di casa. Dal secolo scorso, infine, la filosofia si è ridotta a qualcosa che sta a metà strada tra la scienza e la religione (come dire la sinistra e la destra del pensiero).

Ma chi è stato l'inventore della filosofia, almeno in Occidente? Per i manuali scolastici non ci sono dubbi, è stato Talete, il filosofo di Mileto. A ben guardare, però, questo brav'uomo (famoso per la sua distrazione) si era limitato ad avanzare l'ipotesi che i fenomeni naturali fossero da addebitare alla Natura e non agli Dei.

Fino a quel momento, infatti, qualunque cosa accadesse sulla Terra veniva interpretata in chiave religiosa. C'era stata una tempesta? Evidentemente Zeus, quel giorno, si era alzato di pessimo umore. C'era stato un terremoto? Tutta colpa di Poseidone che la sera prima aveva litigato con Atena e si era rigirato sottoterra. Insomma, con Talete nasce la scienza ma non la filosofia. La quale, invece, si farà attendere almeno altri due secoli, cioè fino a quando Parmenide e Zenone si recheranno in Grecia per partecipare alle Panatenee. Ecco, più o meno, cosa accadde quel giorno.

Ad Atene erano in voga i salotti letterari: ci si riuniva in casa di qualcuno e si parlava di tutto, di politica, di etica e dei fatti del giorno. La riunione a cui facciamo riferimento noi si tenne nel 450 a.C. in casa di Pitodoro. Socrate, all'epoca, aveva solo vent'anni, ma era già quel grande rompicoglioni maieutico che tutti conosciamo. Gli intellettuali presenti erano tutti vestiti alla moda, ad eccezione di Parmenide e Zenone che, in quanto *cafoni* provenienti da Elea, un paesello della Lucania, erano piuttosto malmessi. Entrambi ignoravano le raffinatezze del vivere greco, anche se, tra i due, c'era qualcosa di più del solito rapporto tra maestro e allievo.

Quando uno dei presenti chiese a Parmenide di esprimere il proprio pensiero, Zenone ritenne suo dovere metterlo in guardia: «Bada bene» gli disse «che se anche il mio maestro parlasse, tu non capiresti nulla». La frase era tanto offensiva, quanto veritiera. A parte Socrate, infatti, tutti gli altri si smarrirono per strada non appena Parmenide cominciò a parlare del Simile e del Dissimile, per poi passare all'Uno, che in quanto Unico, doveva essere anche Intero, Immobile e Ingenerato.

Ora, detto tra noi, cosa aveva comunicato Parmenide di così importante da dover diventare, solo per questo, il padre della filosofia?

Semplicemente che nella vita c'è l'Essere e il Non Essere, e che quest'ultimo non esiste, anche se disgraziatamente si ostina a farsi vedere. Il Non Essere per Parmenide era l'apparire, tutto quello, cioè, che ci affascina con le sue tentazioni e che non mantiene mai le sue promesse. Come dire: se volete essere felici, badate più alla sostanza che non all'apparenza delle cose.

Esempio: se nella vita desiderate fare gli attori, sappiate che c'è molta più felicità nel diventare trasmettitori di emozioni tra autore e spettatore (l'*essere* dell'attore), che non nel diventare divi di successo, avere la foto in copertina e mettere gli autografi (l'*apparenza* dell'attore), come ben ha appreso, per averlo sperimentato sulla propria pelle, una star del calibro di Marilyn Monroe.

Aristippo ci insegna a usare Internet

Fino a pochi anni fa essere analfabeta voleva dire non saper leggere e scrivere. Oggi, invece, per meritarsi l'epiteto, è sufficiente non conoscere l'inglese e non saper usare il computer. Tra non molto nessuno potrà più ottenere un impiego decente se non conosce a fondo Internet. Cominciamo col chiederci che diavolo è Internet. È un aggeggio apparentemente simile a un televisore che sta muto e immobile davanti a noi e che soddisfa ogni nostro bisogno d'informazione. In altre parole, una specie di lampada di Aladino.

Nel famoso film di Fritz Lang, *Metropolis* (1927), le città venivano viste come degli agglomerati di case il cui cielo era attraversato di continuo da navicelle spaziali. Oggi, invece, a conti fatti, ci siamo resi conto che a viaggiare sono soprattutto le informazioni e quasi mai gli esseri umani. Il telelavoro, in particolare, potrebbe farci lavorare a casa senza avere nemmeno il fastidio di andare ogni giorno in ufficio.

Un vantaggio fin troppo evidente di Internet è l'interattività. Spieghiamo di cosa si tratta: Socrate in un dialogo di Platone, il *Fedro*, si scaglia contro la scrittura. Danneggerà, diceva, le nostre qualità mnemoniche. Sapendo di possedere tutta la conoscenza in un libro, non ci sforzeremo più di ricordare e questo ci renderà peggiori. Un libro, precisava, può rispondere solo in un modo: quello già deciso dal suo autore. Dialogare con un libro è inutile: è come parlare a una statua. Con Internet, invece, è possibile il dialogo. Chiedere maggiori informazioni su ciò che ci interessa, se non, addirittura, personalizzare le risposte.

Nel medesimo tempo, però, la convivenza col mezzo è irta di pericoli. Il primo che mi viene in mente è la facilità di accesso: chiunque può entrare in Internet e trasmettere quello che vuole, quindi anche i maniaci, i rompiscatole e i perdigiorno. Chi ha posseduto, seppure per breve tempo, un sito Internet, sa di che cosa sto parlando. L'e-mail, come si dice in gergo, è particolarmente fastidiosa. Soprattutto per i personaggi pubblici: guai a rispondere! S'innescano giri di corrispondenza che non hanno fine.

Ma c'è dell'altro: i videogiochi, per esempio. Ogni computer possiede una serie interminabile di "giochini". Il peggiore è il "Tetris": se lo si gioca spesso, la notte, poi, non si riesce a dormire. I quadratini colorati continuano a cadere come una cascata inarrestabile all'interno delle palpebre e t'impediscono di prendere sonno. Provare per credere. Il videogioco è una droga: date un computer a un impiegato e questi lo userà per almeno un'ora al giorno solo per giocare. I capufficio sono disperati. Urge un software che impedisca ai dipendenti di giocare durante l'orario di lavoro. E anche i genitori si preoccupano molto quando si accorgono che i propri figliuoli stanno più con la testa nel computer che non nei libri di scuola. Io stesso, pur contro i miei interessi, non riesco a sottrarmi alla seduzione dei videogiochi. La mattina, quando mi siedo davanti al PC, non posso fare a meno di cominciare con un "giochino": il mio preferito si chiama Mshearts (l'equivalente inglese della Peppa). È irresistibile!

Navigare su Internet è quasi una malattia: azzera i contatti familiari ma anche i rapporti con gli amici.

A questo punto è d'obbligo la domanda: "Dove andremo a finire?". A essere sincero, non lo so. Quello che so è che finiremo seduti. Di giorno, quando lavoreremo davanti al video di un computer, e di sera quando ci riposeremo davanti al video di un televisore. Di più stimolante non ci resterà che la notte. Prima di prendere sonno, infatti, potremo sempre fare un po' di sesso, a meno che non preferiremo farlo su Internet.

Sarà pericoloso? Minaccerà i rapporti interpersonali? Renderà l'uomo ancora più solo e stressato? Non lo so. Io, a ogni buon conto, cercherò di usarlo con moderazione. Aristippo, quando fu accusato dai filosofi di Atene di frequentare troppo le puttane, se la cavò dicendo: "Non è riprovevole entrare in casa di Laide, riprovevole è non saperne uscire".

Non fatevi sorprendere dal computerese

Da che mondo è mondo c'è sempre stato qualcuno che ha usato la parola *Abracadabra* per far colpo sui non addetti ai lavori. Si comincia dai sacerdoti egizi e assirobabilonesi e si continua con tutte le specie di stregoni e di azzeccagarbugli possibili, per finire ai nostri politici e ai nostri primari di ospedale. Il linguaggio specializzato paga, rende importanti e aumenta il potere di chi lo usa. Uno dei più illustri inventori di linguaggi per soli addetti ai lavori fu Pitagora. Il filosofo grecocalabrese, diciamo la verità, oltre a essere un genio della matematica, era anche un celebre mafioso. Un giorno chiamò intorno a sé i discepoli e disse: "Picciotti carissimi, qui se è il potere che c'interessa, sarà necessario, da oggi in poi, parlare senza farsi mai capire dagli altri. L'umanità si dovrà dividere in due gruppi: i *matematici*, che saremo noi ovvero quelli che debbono capire, e gli *acusmatici*, che sarebbero gli altri ovvero quelli che si debbono accontentare solo di ascoltare senza capire mai un tubo!".

Oggi non esiste gruppo, associazione o confraternita che non abbia il suo linguaggio specializzato. Il malvezzo non ha limiti. Andate in un aeroporto e dopo un po' sentirete l'altoparlante comunicare che "a causa del ritardato arrivo dell'aeromobile il volo AZ ecc. ecc.". Ora io vorrei sapere da quell'imbecille che per primo ha stilato questo annuncio se lui, a casa sua, quando parla con la moglie, è solito dire: "Caterina, domani debbo partire, prenderò un aeromobile per Milano". Nossignore, lui, il farabutto, con la moglie userà sempre il termine *aereo*, ed è con noi che tirerà fuori la parola *aeromobile* e questo perché sa che di fronte al termine *aeromobile* il viaggiatore comune cade in uno stato di soggezione profonda e non si permetterà di protestare.

Il terreno più fertile per la nascita e lo sviluppo di un linguaggio particolare è l'informatica. Non si capisce ancora se i termini tecnici usati dagli specialisti siano veramente indispensabili per far funzionare un computer o se il vero fine dell'uso dei computer sia quello di creare un linguaggio che consenta a una nuova casta di sacerdoti aziendali di affermarsi nel campo del lavoro. Oggi, se un dirigente d'azienda vuole conservare il rispetto dei suoi collaboratori, non può più usare parole come archivio, controllo o aggiornamento. Sarà costretto a pronunciare con indifferenza i termini *file*, *check* e *updating*. Una volta un mio collega IBM mi scrisse una lettera dove esprimeva il desiderio di *checkare* con me. In un primo momento mi preoccupai, poi mi fu chiarito che si trattava solo di fare un controllo su certi dati. Volete inventare dei nuovi vocaboli? È semplicissimo: prendete una qualsiasi parolina inglese, aggiungeteci il suffisso *are* e, se siete fortunati, potrete introdurre una nuova parola sul mercato. *Loop* più *are* fa *looppare* che significa fare delle iterazioni. Così sono nate *shiftare*, *randomizzare*, *splitare* e compagnia cantando.

Il *computerese* imperversa, straripa, s'intrufola dovunque, perfino nel linguaggio comune, e chi non si tiene informato corre il rischio di essere messo anzitempo in pensione. Un giorno, conversando con il direttore generale di un'azienda nostra cliente, anziano dirigente d'azienda, mi scappò detto che noi della IBM eravamo più bravi perché avevamo il *know-how*. Il vecchietto mi guardò perplesso, dette uno sguardo alla valigetta ventiquattrore che avevo con me, poi disse quasi sottovoce: «Veramente!» e io capii che oramai non contava più niente.

L'importante è non farsi sorprendere, stare sempre all'erta e ogniqualvolta si sente girare per l'aria un termine nuovo informarsi con discrezione. A volte basta una semplice influenza che ci tiene a letto per quattro giorni per essere tagliati fuori durante una riunione di lavoro. Dopo un po' si scopre che proprio in quei quattro giorni erano state coniate una decina di nuove sigle e di espressioni senza le quali il non informato annaspa nella più assoluta incomunicabilità.

A questo punto, per dare forza al mio discorso, sarei tentato di enumerare una lunga serie di modi di dire per mostrare al lettore sprovveduto quanto sia difficile sopravvivere nella giungla del *computerese*. Mi guardo bene dal farlo, perché proprio dalle sigle e dai termini tecnici che sarei in grado di scegliere si capirebbe fino a che punto, come informatico, sono da considerare superato.

Il telefonino, la mia croce

Odio il telefonino. Quando vedo per strada un essere umano (umano si fa per dire) curvo sul suo cellulare, che parla a voce alta, incurante di chi gli sta intorno, provo un acuto senso di ribrezzo. Penso che nelle città ci dovrebbero essere appositi luoghi di decenza, tipo vespasiani, per consentire, a chi gli scappa, di telefonare senza essere visto.

Ieri ho preso il pendolino Bologna-Roma. Alla mia destra un manager con telefonino. Di fronte un giovanottone con giubbotto di pelle e occhiali Ray-Ban, anche lui con telefonino. Accanto al giovanottone un signore anziano in giacca, cravatta e gilè grigio... in pratica un personaggio vecchio stile. "Almeno questo" penso fra me e me "non lo dovrebbe avere." E invece ce l'aveva, e come se ce l'aveva! È stato proprio lui il primo a estrarlo dalla custodia. Quando si è sentito lo squillo non si è capito subito per chi fosse la chiamata: c'è stato prima un frenetico tramestio, un dimenarsi generale.

Ognuno ha portato, quasi d'istinto, la mano al proprio telefonino. Poi, una volta accertata la provenienza del suono, tutti si sono rilassati ad eccezione del signore anziano. A questo punto, mi sono detto, urge inventare un cellulare che al posto dello squillo pronunci chiaramente il nome del proprietario.

All'apparecchio era la moglie del signore anziano. Lui l'ha prima informata sul viaggio («Abbiano appena lasciato Bologna») poi le ha comunicato che nello scompartimento, giusto di fronte a lui, c'era De Crescenzo. «Non il cantante» ha precisato, «lo scrittore... quello di *Bellavista*.» Ovviamente la signora ha voluto salutarmi di persona. «Sono una sua ammiratrice, la vedo sempre in televisione.» Le ho risposto che avevamo appena lasciato Bologna. Poi ho dovuto scambiare un saluto cordiale anche con il figlio, con la nuora e con il di lei figlioletto di due anni che nel frattempo si rifiutava di mangiare la pappa. A questo punto, però, sono squillati, pressoché contemporaneamente, anche il secondo e il terzo telefonino.

Il giovanotto era uno sciupafemmine. Nel tratto Bologna-Firenze, malgrado la breve durata del percorso (meno di un'ora da stazione a stazione) ha collezionato la bellezza di quattro telefonate di presunte amanti; tutte trattate, a onor del vero, con lo stesso trasporto e la stessa devozione. «Cara, mi manchi tanto.» «Lo sai che senza te non posso stare.» «Ieri notte ti ho sognato.» L'unica parola che cambiava nel corso della telefonata era il nome di battesimo dell'interlocutrice.

Il più preoccupante di tutti, però, è risultato il manager: doveva essere uno che giocava in Borsa o quanto meno uno che ne capiva. D'accordo, me ne sbarazzo, ma poi che mi compro? CCT? BOT? Superbot? Titoli? Azioni? E quali, di grazia, che io di Borsa non ho mai capito niente?

Il manager, nel suo parlare al telefonino, non era affatto chiaro, come invece erano stati fino a quel momento il playboy e il signore anziano. Lui non faceva mai nomi, non diceva mai numeri, lui si limitava ad accennare a ipotetiche azioni. «No, quelle no... lo sai che non ci si può fidare: compra quelle altre, quelle che ti ho detto ieri... ma non metterci tutto, per carità... Fai un terzo, un terzo e un terzo. Sì, quelle sì, quelle vanno bene, e anche quelle altre... Sempre però con gli occhi aperti, mi raccomando, e sempre pronti a vendere al minimo cenno di flessione.»

Morale della favola: mi ero portato un libro da leggere un filino impegnativo, il *Nietzsche allo specchio* di Giorgio Penzo, ebbene non ce l'ho fatta: mi sono fermato a pagina dieci. Vuoi per colpa del playboy, vuoi per colpa del giocatore di Borsa, non sono mai riuscito a concentrarmi. Meno male che il signore anziano mi ha fatto fare una telefonata a mia figlia. «Ciao Paoletta» le ho detto, «come stai? Sono papà. Abbiamo appena superato Bologna.» Però, che grande invenzione il telefonino!

A pensarci bene, chissà come sarebbe cambiata la storia se il telefonino fosse stato inventato prima. Napoleone, per esempio, non avrebbe mai perso a Waterloo. Quando, dopo aver sconfitto gli inglesi, fu accerchiato dai prussiani inviò l'attendente dal maresciallo Grouchy perché questi corresse in suo aiuto. Ebbene, l'attendente non arrivò mai a destinazione: fu ucciso per strada o se la squagliò, certo è che Grouchy non si fece vedere. Con il telefonino, invece, tutto si sarebbe risolto in un attimo. "Ciao Grouchy, sono Napoleone. Corri subito che qua ci sono i prussiani!" Giulietta e Romeo non si sarebbero uccisi. Lei avrebbe chiamato il suo amato e gli avrebbe detto: "Romeo, fai attenzione, io non sono morta, sto solo dormendo. Non fare come al tuo solito che ti lasci prender dall'emozione".

E per finire Egeo non si sarebbe suicidato. Lui aveva mandato il figlio Teseo a uccidere il Minotauro e gli aveva detto: "Quando torni, o Teseo, se hai ucciso il Minotauro, mi raccomando: cambia il colore alle vele. Togli le vele nere e metti quelle bianche. Così io posso capire, anche da lontano, che sei risultato vincitore". Purtroppo Teseo se lo dimenticò ed Egeo si gettò a capofitto dall'alto di Capo Sunio. Ci fosse stato il telefonino, oggi quel mare, invece di chiamarsi Egeo, si chiamerebbe Mare Telecom Italia Mobile.

A letto con il PC

Mi ha chiesto un amico informatico: «Perché ti sei fatto fare una biblioteca così grande?».

«Be'» rispondo io, «non mi sembra tanto grande: compro moltissimi libri, e tanti altri li ricevo in regalo. Andando avanti di questo passo, tra una decina di anni sarò costretto a farmela prolungare.»

«Tra una decina di anni i libri non esisteranno più: saranno oggetti di antiquariato.»

«Come sarebbe a dire "non esisteranno più"?»

«Sarebbe a dire che non verranno più stampati. Li farà fuori il personal computer. Verranno sostituiti da dischetti sottili come ostie, chiavette piccole come un dito mignolo, oppure via Internet potrai visualizzare qualsiasi libro tu voglia consultare.»

Guardo con tenerezza la mia amatissima biblioteca (quattromila volumi) e penso con terrore al giorno in cui tutto questo ben di Dio verrà trasformato in un'unica pizza magnetica.

In pratica io posseggo ancora tutti i libri della mia vita: dal primo Salgari, edizioni Sonzogno, all'ultimo saggio di Popper. Quando ero ragazzo, a differenza dei miei compagni di scuola che campavano vendendo libri usati, io affrontavo lunghi periodi di miseria, pur di non separarmi dai miei tesori. A dir la verità, tranne che per alcuni casi eccezionali, non mi è mai capitato di rileggerne qualcuno; ciò nonostante, guai a chi li tocca! Chiedermi un libro in prestito è come farmi uno sgarbo.

Insomma, questo menagramo del mio amico vorrebbe che tutti i libri sparissero dalla faccia della terra, come se poi l'unica funzione di un libro fosse quella di farsi leggere. Cominciamo col dire che io sono abituato a leggere la sera, a letto, subito prima di prendere sonno; tra dieci anni che faccio, mi porto il personal sotto le lenzuola?! E poi, quando finisco di leggere, e con gli occhi semichiusi metto il segno, ovvero *faccio l'orecchietta* all'ultimo foglio che ho letto, nel caso del personal che dovrei fare: l'*orecchietta computerizzata*?

«Tu hai messo in evidenza solo alcuni aspetti emozionali del problema» obietta il mio amico «e, volutamente, hai trascurato tutta una serie di vantaggi pratici. Supponiamo, per esempio, che il tuo personal sia collegato con l'Enciclopedia Treccani e che tu voglia sapere tutto su Annibale. Ebbene, basta compilare la parola "Annibale" sulla tastiera e, in una frazione di secondo, la scheda del generale cartaginese ti compare sul video.»

«Da quanto dici mi accorgo che non hai mai capito come si usa un'enciclopedia. Il problema non è sapere "chi era Annibale", quanto interessarsi di un qualsiasi altro evento che comincia per A e che solo il caso è in grado di porgere alla tua attenzione. Mi spiego meglio: quando prendi il volume della Treccani AMMO-ARBI per trovare Annibale, è inevitabile che, durante la ricerca, il tuo sguardo venga attratto da altre voci. Succede così che, invece di interessarti di guerre puniche, tu finisca con l'addentrarti nei misteri dell'araldica o dell'Apocalisse. Gli stemmi colorati degli Sforza e dei Della Rovere, certi particolari di Luca Signorelli, e tante altre stranezze, che fino a quel momento giacevano sepolte nel ventre del volume, eserciteranno su di te un eccezionale richiamo.»

Il mio amico mi abbandona dicendo che con uno come

me non si può mai parlare seriamente. Rimasto solo, prendo a caso un libro dalla mia biblioteca: è *Il piccolo principe* di Antoine de Saint-Exupéry. Lo apro a metà:

«Buon giorno» disse il piccolo principe.

«Buon giorno» disse il mercante.

Era un mercante di pillole perfezionate che calmavano la sete. Se ne inghiottiva una alla settimana e non si sentiva più il bisogno di bere.

«Perché vendi questa roba?» chiese il piccolo principe.

«È una grossa economia di tempo» rispose il mercante, «gli esperti hanno fatto dei calcoli. Si risparmiano cinquantatré minuti alla settimana.»

«E che cosa se ne fa di questi cinquantatré minuti?»

«Se ne fa quel che si vuole...»

«Io» disse il piccolo principe «se avessi cinquantatré minuti da spendere, camminerei adagio adagio verso una fontana...»

Come faceva Socrate senza frigorifero?

Ho cominciato a vendere macchine a schede perforate nel lontano 1959. All'epoca i progenitori dei computer erano marchingegni elementari, grossi come armadi, pesanti centinaia di chili, che per fare una fattura o un saldo trimestrale impiegavano decine di secondi, se non addirittura minuti. Si rompevano una volta al giorno e occupavano interi saloni. Poi arrivò la microelettronica e tutto divenne improvvisamente più piccolo, più maneggevole, più elegante. Il primo computer elettronico sul quale ebbi l'onore di mettere le mani si chiamava IBM 1401: non era un elaboratore potente, ma noi riuscivamo a venderlo ugualmente. Il 1401 2k (che resti fra noi) era molto modesto: non era capace di fare nemmeno le moltiplicazioni, io però, un po' con le buone e un po' con le cattive, gliele facevo fare lo stesso.

Per venti anni ho venduto centri elettronici, ho programmato in SPS, in COBOL e in DOS, ho installato decine d'impianti, ma sono sempre rimasto col dubbio: "I computer servono davvero a qualcosa o sono io che per raggiungere il fatturato assegnatomi dalla IBM suggestiono i clienti fino al punto da farmi raccontare da loro problemi inesistenti?". Insomma io partecipavo a uno strano marketing alla rovescia dove l'offerta precedeva la domanda e dove il cliente, nella persona del proprietario o del capocentro, era quasi sempre il mio complice numero uno.

Malgrado la ventennale esperienza, una volta diventato scrittore, non sono riuscito a resistere alla sirena della tecnologia, e ora eccomi alle prese con macchine e macchinette.

A questo punto mi chiedo: "Come faceva Socrate a vivere senza frigorifero?" e mi torna in mente l'inizio del *Fedro*:

«Caro Fedro» diceva Socrate, «dove vai e da dove vieni?»

«Ero con Lisia, il figlio di Cefalo» rispondeva Fedro «e ora me ne andrò a spasso fuori le mura.»

In altre parole, gli ateniesi di allora non facevano assolutamente nulla: passeggiavano, litigavano fra loro, discutevano del Bene e del Male, ma in quanto a produrre un qualcosa di pratico neanche a parlarne. La verità è che nell'Atene di Pericle i cittadini veraci, ovvero gli ateniesi figli di ateniesi, erano pochini: sì e no ventimila. Tutti gli altri facevano gli schiavi ed erano numerosissimi: dalle duecentomila alle trecentomila unità. Nessun ateniese degno di questo nome avrebbe mai alzato un dito per produrre un aggeggio utile alla vita. Anzi, a essere colti in flagrante mentre si stava lavorando, si correva il rischio di fare anche una brutta figura.

Oggi gli schiavi moderni potrebbero essere i computer, se non fosse vero esattamente il contrario: più macchine inventiamo e più siamo costretti a correre dietro di loro per farle funzionare. Facciamo un esempio: il telefono.

Papà mi raccontava che quando, verso la fine del secolo, fu inventato il telefono, un tecnico dell'azienda di Stato venne a spiegarne il funzionamento a mio nonno, il cavaliere Giuseppe De Crescenzo, artista pittore.

«Don Peppi'» gli disse il tecnico, vedendolo alquanto sospettoso, «il telefono non è altro che una cassetta di legno che sta attaccata al muro. A un certo momento la cassetta si mette a suonare e voi andate a rispondere...»

«Come, come?» lo interruppe mio nonno. «Lei suona e io vado a rispondere!?»

Mio nonno nella sua illuminata ignoranza aveva subito individuato il difetto principale del progresso: quello di non saper chiedere permesso. Il progresso entra e obbliga tutti gli altri a rispondere.

Cosa direbbe oggi Socrate?

«O Luciano» mi direbbe, «mi compiaccio con i tuoi contemporanei per le belle invenzioni che hanno realizzato, ma ho paura che l'abitudine a possederle creerà in loro, in breve tempo, una tale dipendenza che alla fine diventeranno schiavi delle loro stesse invenzioni.»

«Sì, o Socrate» ribatterei io, «però devi ammettere che si tratta d'invenzioni eccezionali. Un telefax, pur senza possedere i sandali alati di Ermes, è in grado di recapitare una lettera più in fretta di qualsiasi altro messaggero, e un computer ci consente di fare operazioni più complesse di quelle che la stessa Atena, nata dal cervello di Zeus, sarebbe in grado di risolvere. Ognuna delle nostre macchine in effetti ci rende simili agli Dei.»

«Solo in apparenza, o Luciano, solo in apparenza: negli attributi essenziali restate sempre gli stessi. Le invenzioni non sono che i prolungamenti dei sensi: il telefono è un prolungamento dell'orecchio, la televisione dell'occhio, l'automobile delle gambe, il computer della memoria e così via. Malgrado le invenzioni, però, l'uomo di oggi è ancora quello che ho conosciuto ai tempi di Pericle: ambizioso come Alcibiade, vanesio come Aristippo, invidioso come Anito, goloso come Agatone. Se i tuoi computer avessero davvero cambiato gli uomini, nessuno di loro litigherebbe più per il potere e il denaro.»

Dopo queste parole non ho potuto fare a meno di chiedermi: "Stavo meglio prima o sto meglio adesso?", "Cosa mi ha dato e cosa mi ha tolto il progresso?", "La felicità risiede nel cambiamento o nell'immobilità?", "La tecnologia appartiene all'essere o al divenire?". Per avere un'opinione al riguardo ho telefonato al mio amico ingegnere e filosofo Gaspare Rosolino, appassionato utente di computer.

«Ciao Gaspare, come va?»
«Benissimo e tu?»
«Bene anch'io. Senti Gaspare, io vorrei vederti una di queste sere per discutere sul tema: "Vantaggi e svantaggi della tecnologia". Che ne diresti se ci vedessimo giovedì prossimo alle otto a casa mia, magari a cena?»
«Per me andrebbe benissimo, solo che in questo momento non posso dartene una conferma. Mi dovresti richiamare domani.»
«E perché mai?»
«Perché mi è caduto il sistema.»
«In che senso "ti è caduto il sistema"?»
«Nel senso che ho registrato tutti gli appuntamenti della prossima settimana sul computer, ed essendo l'unità centrale momentaneamente fuori uso...»
«... Perché ti è caduto il sistema...»
«... Per l'appunto, non so se giovedì prossimo, alle otto di sera, ho già un altro appuntamento.»
«E non potresti segnarti, nel frattempo, il mio invito su un pezzo di carta e poi magari, in un secondo tempo, appena si aggiusta il computer, darmene una conferma?»
«E no che non posso: altrimenti che ho speso a fare tanti soldi per crearmi un'agenda elettronica! Se comincio di nuovo a segnarmi gli appuntamenti sui pezzetti di carta, addio informatica!»

Tecnologia: "*panta rei*"

Hai voglia di dire: "A me di Internet non me ne frega niente". È la prima cosa che ti chiedono quando vai a fare un colloquio per un posto di lavoro. E si trattasse solo di Internet, pazienza! Ci decideremmo a imparare a usarlo come hanno fatto milioni di persone. Il guaio è che anche Internet è destinato a cambiare, ragione per cui da qui a qualche anno saremmo costretti a imparare a usare un nuovo Internet, ovviamente molto più potente di quello attuale.

Oggi un computer comprato un paio di anni fa non è più un computer, ma il cadavere di un computer. L'ideale sarebbe firmare un armistizio con le industrie informatiche, un armistizio del tipo: "Godiamoci quello che abbiamo inventato per una decina di anni e poi ricominciamo a inventare".

C'era una volta un grande filosofo, Eraclito, che disse "*panta rei*", "tutto scorre" ovvero "tutto cambia". Ebbene, mai il buon Eraclito avrebbe immaginato che un giorno sarebbe diventato l'ideologo dell'industria moderna.

Chi di noi, infatti, avrebbe cambiato il proprio televisore se il mercato non avesse tirato fuori quello a colori? Ed è così che nasce il "*panta rei*". Volenti o nolenti, siamo stati costretti a gettare nel cassonetto dei rifiuti il caro apparecchio in bianco e nero.

Lo stesso dicasi per l'automobile: è tutto un susseguirsi di "ultimi modelli". Non parliamo poi dei telefonini: da un giorno all'altro abbiamo scoperto che non possiamo proprio farne a meno.

Chissà come siamo riusciti a sopravvivere senza telefonino fino a l'altro ieri?! Ma Eraclito non è ancora soddisfatto: ci ordina di cambiarlo. Ci consiglia, infatti, il modello più piccolo, poi ancora quello più piccolo e poi ancora quello più piccolo.

Insomma "*panta rei*" e che Dio vi benedica.

Storia del Pallonetto di Santa Lucia

Napoli fu fondata nel VI secolo a.C. o giù di lì da un gruppo di coloni eubei. Ad attrarre gli eubei, con ogni probabilità, fu quel montarozzo, oggi chiamato monte Echia, che si affaccia sul golfo. Il fatto è che all'epoca tutte le città avevano bisogno di un'acropoli dove potersi difendere in caso di attacchi, e il monte Echia era un'acropoli perfetta, alta quel tanto che bastava per dominare un eventuale invasore. All'inizio l'insediamento fu battezzato Palepoli, o Partenope, e solo in un secondo momento venne chiamato *Neapolis*, ovvero "città nuova". Oggi intorno al monte Echia è sorto un groviglio di vicoli noto come *Pallonetto di Santa Lucia*, abitato prevalentemente da famiglie di pescatori. Ci fu un tempo, però, che il Pallonetto era anche la residenza preferita dai contrabbandieri di sigarette. Il fenomeno, ricordo, assunse un aspetto così inquietante da indurre un ministro dell'epoca, di cui ora non ricordo il nome, a offrire addirittura uno stipendio ai proprietari degli *scafi blu*, a patto, però, che si astenessero dal contrabbandare, e io, un giorno, fui incaricato dalla RAI di andarli a intervistare.

Mentre ci si avviava a Napoli, da Roma, il regista RAI si sentì in dovere di mettermi in guardia.

«De Crescenzo, chiariamo subito una cosa: io i panni stesi non li faccio!»

«Non ho capito» risposi io.

«Io a lei la conosco: se ha intenzione di fare la solita macchietta napoletana, l'avviso che non ci sto. Il nostro deve essere un servizio sintetico, senza folclore. Limitiamoci a intervistare i contrabbandieri punto e basta.»

Sennonché, sfortuna volle che quello fosse il primo giorno di sole dopo una settimana di pioggia. Il Pallonetto, da qualsiasi parte lo si volesse inquadrare, era tappezzato di panni stesi.

«Andiamo più avanti» comandò il regista, e tutti noi ci spostammo alla ricerca di un'inquadratura non folcloristica. Purtroppo, però, più si andava avanti e più panni stesi si vedevano.

«Potremmo salire sul monte Echia» proposi io «e da lassù riprendermi con il mare alle spalle.»

«Sì» commentò sarcastico il regista, «così facciamo la cartolina!»

Alla fine, avviliti, fummo costretti a chiedere a una signora di ritirare i suoi panni stesi in modo da consentirci un'inquadratura più anonima.

Quanto a Santa Lucia, poi, è indispensabile conoscerne la storia. Fino agli ultimi anni dell'Ottocento le case degli abitanti del Pallonetto si affacciavano direttamente sul golfo. Via Santa Lucia, infatti, costeggiava il mare per tutta la sua lunghezza. Poi, un bel giorno, intorno al 1905, lì dove c'era il mare venne realizzata una gettata di cemento e vi furono costruite sopra due file di palazzi. Ora mettiamoci nei panni dei pescatori che fino a quel momento avevano goduto della vista del mare e immaginiamoci cosa dovettero pensare dei nuovi venuti, ovvero di noi, dal momento che anch'io nacqui in uno di quei palazzi.

Via Santa Lucia nel giro di pochi anni divenne una linea di confine tra due comunità che si odiavano. Noi chiamavamo loro *'e fetiente*, e loro chiamavano noi *'e ricchiune*. Noi compravamo la frutta da *Menichiello*, loro la compravano da *Mezalengua*. Noi andavamo a messa alla parrocchia di Santa Lucia, loro alla chiesa della Madonna delle Catene. In pratica ognuno viveva nel suo quartiere e nessuno si azzardava a passare sull'altro versante. In particolare noi ragazzi ce ne guardavamo bene. Via Santa Lucia era una specie di via Paal. Attraversarla voleva dire essere picchiato a sangue. L'unico a poterlo fare ero io, e adesso vi spiego il perché.

Io nacqui al terzo piano di un palazzo con vista sul mare. Al primo piano del medesimo palazzo nacque invece il mio amico Carlo Pedersoli. Carlo era gigantesco. A tredici anni mi superava di almeno venti centimetri. Con lui accanto nessuno mi poteva toccare. Attraversavamo via Santa Lucia quando e come ci pareva. Fummo compagni di scuola alle elementari e alle medie, poi la vita ci divise: io divenni ingegnere, e in seguito scrittore; lui, invece, prima campione di nuoto e poi attore. Oggi si chiama Bud Spencer.

Un paio di mesi fa ho incontrato Carlo all'hotel Vesuvio e gli ho proposto di andare a rivedere insieme il palazzo dove eravamo nati. Sennonché, per strada siamo stati fermati da due scugnizzi del Pallonetto.

«*Bud Spensèr, quanto si' bello!*» disse uno dei due mettendo, come di regola a Napoli, l'accento sulla seconda "e" del cognome Spencer.

«*Comme ce piacesse ave' 'nu pate comme a Bud Spensèr!*»

E l'altro: «*Te putimmo chiama' "papà"?*».

Qui Carlo, che tutto è tranne quell'energumeno picchiatore che siamo abituati a vedere nei film, nel sentire due ragazzini che lo volevano chiamare "papà" stava lì lì per commuoversi quando il primo dei due gli disse: «Noi siamo orfani: *nunn'o tenimmo a papà!*».

Lacrime negli occhi di Carlo Pedersoli e cinquanta euro a testa ai due scugnizzi che forse tutto erano tranne che orfani.

Misteri e mestieri di Napoli

«Dotto', voi siete uno scrittore e quindi io non mi permetterei mai di darvi dei consigli, però vedete che vi dico: se scrivete la storia della mia vita, è come se scriveste la storia di Napoli.»

«Avete cominciato presto a lavorare?»

«A otto anni, facevo *'o sosciapasta.*»

«Che cosa facevate?»

«*'O sosciapasta,* dotto', il soffiapasta. Papà per levarmi da mezzo alla strada mi mise da un salumiere amico suo. Io ogni giorno dovevo raccogliere *'a munnezzaglia* che si faceva. La *munnezzaglia* sarebbero tutti quegli spezzoni di pasta che avanzano e che si trovano sopra al bancone oppure per terra. Sapete, quella pasta mista: spaghetti, tubetti, maltagliati... che quando ve la mangiate insieme ai fagioli o alle patate diventa una cosa veramente squisita! Dunque, vi stavo dicendo, quello era il mio lavoro: io raccoglievo *'a munnezzaglia,* la mettevo in un setaccio per separarla dalla monnezza vera e propria, e poi alla fine ci soffiavo sopra che così se ne andava via pure la polvere. Perciò mi chiamavano *'o sosciapasta.*»

«E quanto vi dava il salumiere?»

«Mi dava un panino con la mortadella a mezzogiorno e un piatto caldo la sera.»

«E poi che avete fatto?»

«*È 'na parola, dotto'*: che cosa ho fatto? Ho fatto tutti i mestieri che esistono. E non mi vergogno a dirlo, ma sono stato pure in galera.»

«Volete dirmene anche il motivo? Se non me lo volete dire, però, non me lo dite.»

«E perché non ve lo dovrei dire: quella è la mia vita! Dunque, la prima volta che andai dentro fu *pe 'nu scippo*; tenevo quindici anni. Le altre volte è stato per furto d'auto. Lavoravo per conto di uno sfasciacarrozze. La sera andavo da lui e prendevo le ordinazioni. Per esempio, quello mi diceva: mi servono due autoradio così e così, oppure una coppia di fanalini di Millecento e una ruota di scorta per una *Minicupér*. Eravamo più di una dozzina a lavorare per lui.»

«Poi che successe?»

«Successe che andammo in galera solo noi. Sennonché, tra un'entrata e l'altra, a Poggioreale io ebbi una figlia dalla mia signora e quindi mi dovetti sposare. A questo punto sentii come si dice... la responsabilità della famiglia e allora decisi di togliermi dalla vita *malamente* e mi misi dentro alle sigarette. Ho fatto il contrabbandiere per dieci anni e forse pure di più. Adesso tengo il certificato di buona condotta e se Dio vuole...»

«Quanti figli tenete?»

«Cinque, dotto': tre maschi e due femmine. *'A cchiù peccerella tene sei mise.*»

«E adesso che fate?»

«Adesso sto bene: tengo un commercio avviato di abiti usati e insieme a mia moglie ho messo pure un reparto di rianimazione.»

«Come sarebbe a dire "di rianimazione"?»

«Ve lo spiego subito: noi compriamo i vestiti usati all'ingrosso. O direttamente dai *saponari*, o in balle provenienti dall'America. Ora voi dovete sapere che quando comprate le balle, le cose vi possono andare bene e vi possono andare male. Eh già, perché nella balla non è che ci potete guardare. Ve la dovete comprare così com'è. Si paga a peso e si compra al buio. Certe volte trovate tali schifezze che le dovete buttare tali e quali a come le avete prese. Certe volte invece trovate il capo che merita ed è su queste combinazioni che ci esce il guadagno.»

«Questi sarebbero i capi che voi rianimate?»

«Sissignore: noi abbiamo il reparto sartoria, lavanderia e stireria. Poi c'è il reparto rianimazione che è quello che ci dà più soddisfazioni.»

«Di che si tratta?»

«Adesso ve lo spiego: come vi dicevo, certe volte arrivano dei capi che sono ancora buoni, solo che ci hanno qualche strappo, qualche bruciatura di sigaretta, oppure sono semplicemente tarlati. Ebbene questi capi qua noi con un po' di pazienza li facciamo tornare come se fossero nuovi.»

«Come fate? Ci mettete delle pezze?»

«Non proprio. Supponiamo per esempio che il capo sia un cappotto: come prima cosa lo appendiamo insieme a tutti gli altri cappotti in una stanza perfettamente chiusa dove per terra, sul pavimento, abbiamo messo tante bacinelle piene di acqua bollente, di modo che il vapore dell'acqua salendo fa rialzare il pelo.»

«Veramente?»

«E sì perché il pelo quando si sente quel calorino addosso è come se si consolasse, come se dicesse: *"Ma che sta succedenno? Ma che d' 'è 'stu calore?"*. Poi, sempre con calma, Patrizia, la mia primogenita, con una lametta gratta l'interno delle pieghe e riesce a ottenere una polverina di pelo di cappotto. Benissimo: arrivati a questo punto, mia moglie prende la polverina, la unisce a un poco di colla trasparente e forma una specie di pasta con cui *appila* (ottura) piano piano tutti i buchi del cappotto. I capi miei, dotto', quando escono dal reparto rianimazione è come se uscissero dalla Rinascente!»

«E guadagnate bene?»

«Ringraziando Iddio, non mi posso lamentare.»

«Quindi diciamo che siete abbastanza contento.»

«Francamente, dotto'... non so che cosa rispondervi. Io mi sento come se mi mancasse qualcosa d'importante. Forse sarà perché penso sempre al futuro dei figli miei. Vedete, dotto': io mo' tengo una bella macchina, una bella caserella ai Ponti Rossi, in affitto s'intende, però che vi debbo dire? Sento sempre che ci sta qualcosa che mi manca. Secondo me, mi manca il diritto di fare sciopero. Di manifestare in difesa della mia famiglia. Non so se mi sono spiegato.»

Il mio *Bellavista* alla città

Io una volta ero una persona per bene, facevo l'ingegnere, poi a forza di frequentare la gente dello spettacolo, le Line Wertmüller, i Mario Monicelli e i Renzo Arbore, ho finito per fare anch'io del cinema. Il mestiere di regista è molto simile a quello del Padreterno: uno s'immagina una storia e la fa nascere come se fosse vera. Crea i personaggi, le azioni, e c'infila dentro anche la musica. A proposito, spesso mi sono chiesto quanto sarebbe utile nella vita avere un sottofondo musicale che ci avvisasse in tempo dei pericoli che stiamo per correre e, meglio ancora, di quando stiamo per innamorarci. Basterebbe il suono di un violino per metterci in guardia.

Il primo requisito richiesto a un regista è quello di abitare a Roma.

Se uno non va almeno una volta al mese a Cinecittà non gli può venire la voglia di girare un film. Già vedere da lontano il Teatro 5 cambia il carattere di una persona. Si pensa subito a Federico Fellini e tutto quello che si ha nella testa comincia a funzionare. Federico non era una persona normale, era un qualcosa di più. Aveva una voce sottile sottile, ma quando parlava ti faceva restare senza fiato.

Se poi a tutto questo aggiungiamo l'amore che ho per Napoli, si capisce subito perché ho girato *Così parlò Bellavi-*

sta. Ho cominciato fotografando i napoletani nei vicoli. Il primo che mi ricordo era un barbone sdraiato sui gradini di una scalinata con accanto un cartello con sopra scritto "Ridotto in questo stato dal cognato". Ebbene, come resistere alla tentazione di sapere che cavolo avesse fatto questo cognato per meritarsi quel cartello? E allora si comincia a chiedere, a parlare, a volerlo conoscere, e dopo un poco, senza che uno nemmeno se ne accorga, si diventa registi. Napoli non è una città come le altre, è un set cinematografico già in funzione dove non è necessario nemmeno dire "azione" per girare una scena. Gli attori nascono già "imparati".

Nel mio primo film c'è Riccardo Pazzaglia che racconta come, dovendo comprare un cavalluccio rosso e avendone visto uno su una bancarella, abbia lasciato per qualche secondo l'auto aperta. Lui dice di aver intravisto un mariuolo entrare nella macchina e vorrebbe finire il racconto quando arriva un secondo signore a chiedergli: "Che cosa è successo?". A questo punto il buon Pazzaglia ricomincia tutto da capo finché non arriva un terzo signore a fargli sempre la stessa domanda. In pratica, ognuno dei presenti contribuisce con i suoi commenti alla scena. Il bello, poi, sta nel fatto che tutti quelli che intervengono non sono degli attori ma dei napoletani di passaggio che volontariamente si sono offerti per contribuire alla sceneggiatura.

Non è stato difficile girare *Bellavista.* Difficile è stato smettere di girare una scena una volta che l'avevo iniziata. Tutta Napoli desiderava collaborare, chi con dei consigli, chi offrendosi gratuitamente come comparsa e chi affacciandosi a una finestra di un primo piano con una chitarra in mano. Ho avuto perfino una vecchiarella che ha finto uno svenimento nella speranza di essere assunta e di conseguenza pagata.

Truffa o arte di arrangiarsi?

Essere pretori a Napoli è uno de mestieri più difficili del mondo. Significa rispettare contemporaneamente la legge e il diritto alla vita di una provincia con oltre tre milioni di abitanti. Significa stare seduto sullo scanno più alto, quello del giudice, e un attimo dopo sentirsi a fianco dell'imputato per interpretarne il pensiero. Lo stesso linguaggio finisce col subire modifiche sostanziali: è un continuo barcamenarsi tra espressioni curiali e modi di dire nostrani, tra articoli di codice e confidenze in dialetto.

Già al portone d'ingresso un parcheggiatore di ombrelli c'informa che siamo giunti alla frontiera tra il "giusto" secondo legge e il "giusto" secondo natura. L'ombrello è considerato un'arma impropria e come tale non può essere portato in aula, dando così origine a un nuovo mestiere.

La disoccupazione affolla i banchi degli imputati e quelli del pubblico: una causa in pretura è comunque una maniera di passare il tempo.

Gli oggetti del contendere a volte sono degni della Dea Giustizia e a volte scendono a piccoli litigi tra povera gente in lotta per la stessa razione quotidiana. Parla il pretore, parlano gli imputati, parlano gli avvocati, parlano i testimoni falsi in buona fede (*sic*) e parla il pubblico: tutto questo contemporaneamente.

***

«Sorrentino Salvatore e Sorrentino Gennaro. Siete fratelli?»

«No, signor giudice, fratellastri. Gennarino è figlio di secondo letto.»

«E quanti fratelli siete?»

«Tra primo e secondo letto siamo dodici. Cinque maschi e sette femmine.»

«E questa è la vera tragedia di Napoli! Va buo', veniamo a noi: tu sei Gennaro?»

«Nossignore, io sono Salvatore. Gennarino è lui.»

«Salvato', qua il fatto è chiaro: voi due, approfittando dello sciopero degli addetti alla tangenziale vi siete piazzati davanti a un casello di uscita e avete prelevato cinquecento lire per ogni macchina che passava. Che bella pensata! Complimenti.»

«Signor giudice, le cose non sono andate così: noi non abbiamo chiesto niente a nessuno.»

«E allora vuol dire che io il fatto me lo sono sognato! Aspetta, adesso ti leggo il verbale. Dunque... "alle ore 12.15 del 27-3-79 presso il casello di uscita del Vomero... con l'artifizio della sostituzione degli operatori... i sunnominati Sorrentino Salvatore di anni 28 e Sorrentino Gennaro di anni 19 eccetera eccetera"... ecco qua: "si procuravano ingiusto profitto ai danni della società Infrasud estorcendo una quota del pedaggio di lire cinquecento a tutti gli automezzi in transito per detto casello". Che tenete da dire?»

«Che state pieno di sbagli.»

«Come sarebbe a dire?»

«Sarebbe a dire che vi siete dimenticato di raccontare la cosa più importante.»

«E cioè?»

«Che pioveva.»

«Pioveva? E che c'entra?»

«C'entra, signor giudice, perché io e mio fratello dovevamo andare al Vomero e avevamo chiesto un passaggio a un signore tanto gentile che però doveva andare ad Agnano. Ecco perché quando siamo arrivati all'altezza del casello del Vomero il signore tanto gentile ci ha fatto scendere. Purtroppo noi adesso non ci ricordiamo più come si chiamava questo signore se no lo avremmo fatto venire come testimone.

«*Non capisco che avrebbe potuto testimoniare.*»

«Che due minuti dopo che siamo scesi dalla sua macchina si è messo a piovere.»

«*E con questo?*»

«Con questo, signor giudice, io ho detto a mio fratello: "*Curre Gennari' che sta venenno 'na 'ncasata d'acqua*" [corri Gennarino che sta venendo a piovere forte], e così ci siamo rifugiati nel casello della tangenziale. Ora voi non ci crederete, ma da quel momento in poi tutti quelli che passavano ci davano cinquecento lire.

«*E quando erano mille davate anche il resto?*»

«Sì, ma per fare una cosa giusta per tutti quanti.»

«*Questa è truffa, Sorrenti'.*»

«Ma quale truffa, signor giudice! Quelli le cinquecento lire ce le davano spontaneamente, tanto è vero che noi dicevamo sempre grazie. E poi, *pe' sape'*: gli automobilisti le cinquecento lire le avrebbero dovute pagare, sì o no? E la società Infrasud stava o non stava in sciopero? E allora, fatemi capire una cosa: noi questi soldi a chi li abbiamo rubati?»

Ai lettori l'ardua sentenza.

Quel mio 20 settembre

Negli anni Cinquanta lavoravo in una casa chiusa. All'epoca ero studente universitario e mi guadagnavo da vivere portando i conti alla Pensione Gianna, casa di tolleranza situata a Napoli, in via Sedile di Porto, nei pressi dell'Università. A essere sincero, non vedevo nessuna prostituta, anche perché tutte le impiegate, dopo un'intensa notte di lavoro, il lunedì mattina, stavano ancora dormendo. Il mio lavoro consisteva nel calcolare le percentuali che spettavano a ciascuna signorina.

Ora, però, cerchiamo di spiegare alle nuove generazioni come funzionavano le case chiuse.

Innanzitutto si entrava gratis.

Ci si accomodava in una sala dove le signorine prostitute, più o meno vestite, passeggiavano per farsi ammirare. A esortare i clienti a compiere il proprio dovere provvedeva una signora di mezza età, anche detta maîtresse, che urlava in continuazione: "Su belli, diamoci da fare! Su belli, in camera! E smettiamola di fare flanella [*di perdere tempo*]". Non appena uno dei clienti con un cenno del capo dichiarava il proprio gradimento a una signorina, questa si avviava verso una scala alla base della quale c'era una cassiera. Il cliente pagava il dovuto e riceveva in cambio una marca, anche detta marchetta. Quindi saliva in camera insieme alla prostituta. Prima però di dare inizio alla sua prestazione la signorina gli diceva: "Come, non ci beviamo nemmeno un prosecchino?". Quindi, tramite un citofono, ordinava la consumazione al bar sottostante. Alla Pensione Gianna le signorine prostitute prendevano il 40 per cento della marchetta e il 30 per cento delle ordinazioni. Sia la marchetta sia lo scontrino del bar finivano in una busta arancione con su scritto il nome della prostituta.

La prestazione non sempre era piacevole anche perché, durante il rapporto, la signorina non faceva altro che ripetere: "Fai presto sennò ti faccio pagare il doppio!". Nel '58 i prezzi variavano a seconda del livello della casa. Dove andavo io la semplice costava 200 lire, la doppia 350 e la mezz'ora 500. I militari avevano diritto allo sconto del 50 per cento. Nelle case di lusso, invece, tipo l'Internazionale o la Suprema, si pagava molto di più. Quanto con precisione non saprei dirlo, anche perché all'epoca, non avendo grandi disponibilità economiche, non mi sono mai spinto oltre la Pensione Gianna. Ogni quindici giorni, poi, le prostitute cambiavano: quelle di Napoli andavano a Padova e quelle di Padova a Bologna. Così facendo, nel giro di qualche anno si finiva col conoscere le prostitute di mezza Italia. In gergo si diceva: "È arrivata la quindicina!".

Il 20 settembre del 1958, grazie alla legge Merlin, le case chiuse furono chiuse. Il giorno prima, a Napoli, san Gennaro non aveva fatto il miracolo. All'epoca esercitavano il mestiere di prostituta circa 3500 professioniste. Una volta conquistata la libertà, divennero 30 mila e oggi, anche grazie all'apporto delle extracomunitarie, sembra che siano diventate più di 50 mila. L'ultimo giorno, comunque, fu drammatico. Piangevano tutti: piangevano le prostitute e piangevano i clienti. Alcuni di loro dicevano: "Io senza te sono perduto. Come farò a sopravvivere? Fammi sapere dove andrai a vivere". Anche la signora Gianna, la tenutaria della casa, piangeva. Quel 20 settembre, ricordo, mi venne incontro dicendo: "Io cambiavo le lenzuola anche tre volte al giorno. Queste povere ragazze non sanno fare nemmeno due passi da sole! Finiranno tutte nelle mani di farabutti che le picchieranno a sangue. Qui, invece, avevano in me una mamma e poi avevano il medico che le visitava tutti i mercoledì".

La democrazia spiegata a un marziano

Mi si è fermata la macchina fuori Roma e ho incontrato un marziano: era in tutto e per tutto simile a noi. Giacca, cravatta e vestito principe di Galles. Allora, mi si potrebbe chiedere, come hai fatto a capire che era un marziano? Perché me lo ha detto lui, personalmente. Ha detto: "Sono un marziano". Poi ha precisato che i marziani possono assumere qualsiasi aspetto desiderino, ragione per cui, quando vanno in perlustrazione in un altro pianeta, proprio per non farsi riconoscere, diventano uguali agli abitanti del luogo. Ovviamente, non gli ho creduto, anzi ho pensato che fosse un pazzo, poi pian pianino ha cominciato a farmi delle domande: voleva sapere tutto, ma proprio tutto delle nostre abitudini. Mi ha chiesto che tipo di televisione abbiamo, come funziona la politica e perfino quali sono i nostri sport preferiti. A titolo di esempio riporto una delle conversazioni che abbiamo avuto. Ah, dimenticavo: parlava perfettamente l'italiano.

Quale sistema di governo avete?

«La democrazia.»

E che cos'è la democrazia?

«Un sistema che serve a eleggere i governanti dello Stato. In un giorno dell'anno, prestabilito, si va tutti a votare.»

E chi va a votare?

«Tutti gli italiani che hanno più di diciotto anni.»

Anche gli stupidi?

«Anche gli stupidi.»

E poi che succede?

«Che vengono scelti i governanti. Noi li chiamiamo "parlamentari".»

Ho capito: e, una volta scelti, questi parlamentari che fanno?

«Governano.»

E cioè?

«Fanno le leggi e nominano gli amministratori che devono gestire gli enti pubblici, tipo la RAI, l'INPS e via dicendo.»

Sì, ho capito, ma così facendo, non restano in qualche modo obbligati nei confronti di chi li ha nominati?

«Certo che restano obbligati. Perché vedi, marziano mio, un partito per farlo funzionare come si deve ha bisogno di un sacco di soldi, e allora può accadere che qualcuno degli eletti, per disobbligarsi di essere stato nominato, che so io... amministratore delegato delle Ferrovie...»

Non ho capito: delegato a che cosa?

«A raccogliere i soldi per il partito che lo ha nominato.»

E lo può fare?

«In termini di legge no, motivo per cui si vede costretto a ricorrere al falso in bilancio.»

E come fa a raccogliere i soldi?

«Specula sugli appalti. Li concede solo a quelle imprese che mollano sotto banco un po' di quattrini, poi, di questi quattrini, una particina se la prende lui che ha fatto da intermediario, e un'altra, più grande, la dà al partito che ha vinto le elezioni.»

E questa è la democrazia?

«Praticamente sì.»

"Cari giudici, non mi avvisate"

Oggi l'avviso di garanzia dovrebbe cambiar nome: è a tutti gli effetti un avviso di sputtanamento, se non addirittura una condanna anticipata. In pratica, l'uomo della strada di fronte a un avviso di garanzia pensa a come si sarebbe comportato lui se si fosse trovato nella situazione dell'indagato. Legge, per esempio, che hanno offerto una tangente di un milione di euro a un finanziere che ha uno stipendio di appena 1500 euro al mese, e nel suo subconscio l'accetta.

La mia proposta, quindi, è di abolirlo del tutto, o, quanto meno, di varare un articolo di legge in base al quale un cittadino potrebbe rinunciare volontariamente a essere avvertito. Basterebbe recarsi in questura e rilasciare una dichiarazione dove ci si mette a disposizione dell'autorità giudiziaria. Dopo di che la magistratura, prima d'inviare un avviso di garanzia, sarebbe tenuta a consultare l'elenco degli indagati volontari. E dal momento che ne stiamo parlando, colgo l'occasione per inviare il seguente appello: "Giudici italiani, non mi avvisate". Personalmente avrei la coscienza a posto: non ho mai dato o percepito tangenti, non ho mai frodato il Fisco (in proposito ho avuto anche una visita della Tributaria e ne sono uscito incolume), non ho mai stuprato nessuno, la sola minorenne con la quale ho avuto rapporti intimi è stata mia moglie, ma eravamo già sposati. Gli unici reati commessi sono stati i divieti di sosta e un senso unico percorso contromano per distrazione. Ciò detto, indagate come e quanto vi pare. La mia vita è a vostra disposizione, ma per cortesia non mi avvisate. Fatemi una sorpresa.

La carica dell'assistente

Erano seicentotrenta, erano giovani e potenti e si sono fatti gli assistenti. I nostri deputati hanno deciso che senza un segretario personale non ce la fanno più ad andare avanti. Come dar loro torto? Ogni parlamentare ha un proprio collegio elettorale da curare e nello stesso tempo è costretto a essere presente a Montecitorio: ora, non avendo il dono dell'ubiquità, o sta seduto in aula o segue l'elettorato, e la concorrenza non aspetta altro per fregargli i voti alle prossime elezioni.

Poi ci sono le risposte da dare a quelli che chiedono favori, le raccomandazioni da passare ai colleghi, le commissioni parlamentari, le riunioni di corrente, le telefonate interurbane alla famiglia, la lotta per ottenere uno straccio di sottosegretariato e chi più ne ha più ne metta. Insomma, quella del parlamentare è una vita d'inferno!

Tra l'altro, non è che, a loro dire, lo stipendio sia chissà che cosa: a questo punto non si arriva a capire perché ci sia tanta gente che si danni per diventarlo! E poi, alla fin fine che cosa hanno chiesto di così strano? Un giovanottino che li aiuti a sbrigare qualche faccenda. L'ideale sarebbe un assistente, anzi un sosia.

Chi si scandalizza di queste piccole cose non è all'altezza dei tempi: è fermo a Enrico De Nicola, al primo presidente della Repubblica italiana, quello che si rese famoso perché rifiutava l'auto presidenziale quando usciva per motivi personali.

Un giorno De Nicola fu visto mentre faceva la fila, come un comune mortale, a uno sportello dell'Intendenza di Finanza di Napoli. È inutile dire che non appena la notizia si diffuse nel palazzo, tutti i dirigenti dell'Intendenza si precipitarono al piano terra. "Signor Presidente, si accomodi sopra nei nostri uffici, siamo a sua disposizione, ci dica di che cosa ha bisogno!" Ma De Nicola fu irremovibile: era venuto per un fatto privato e non gli sembrava giusto essere trattato in modo particolare: da buon cittadino volle fare la fila come tutti gli altri contribuenti. Visto inutile ogni sforzo, i direttori cominciarono a tormentare lo sportellista perché sbrigasse quanto prima possibile tutti quelli che stavano davanti al Presidente.

Ma torniamo ai nostri parlamentari: anche i Cavalieri della Tavola Rotonda avevano lo scudiero, perché loro dovrebbero farne a meno? Qualcuno potrebbe obiettare che i Cavalieri di Re Artù erano solo una decina, mentre i nostri onorevoli sono la bellezza di seicentotrenta, e qualcun altro potrebbe ipotizzare che, una volta diventati "assistenti temporanei", questi neolavoratori potrebbero pretendere di essere assunti in pianta stabile e restare a carico della collettività fino alla pensione. In breve tempo avremmo più assistenti che assistiti.

Ci dicono che i senatori siano rimasti indignati dall'iniziativa dei deputati. Non si capisce se perché troppo dispendiosa o perché ne sono stati esclusi. "E noi chi siamo? I più scemi di tutti! Se si prendono gli assistenti loro, li vogliamo anche noi!" Vedremo come andrà a finire.

A questo punto mi permetto di dare un consiglio a entrambe le Camere: "Signori miei, trovandovi a ristrutturare i vostri staff, sentite a me, fatevi pure l'amante". Eh già perché, se ci pensate un momento, un povero parlamentare è costretto a stare fuori casa un'intera settimana: ha la moglie lontana, non può abbandonare il posto di combattimento, e, come tutti sappiamo, l'uomo non è di legno! D'altra parte cosa volete che possa costare un'amante per 952 persone? Mettiamo duemila euro al mese a testa come per gli assistenti, un gioiellino ogni legislatura e sì e no arriviamo a dieci milioni di euro l'anno.

E che volete che siano dieci milioni di euro per uno Stato che ha un deficit annuale di circa settanta miliardi! In compenso l'onorevole, la mattina, arriva più sereno in Parlamento e, nel caso si senta debole, c'è sempre l'assistente che lo può aiutare a salire le scale.

Cosa significano destra e sinistra

Allo stato dei fatti, quando qualcuno mi chiede se sono di destra o di sinistra non so mai cosa rispondere. Mi verrebbe voglia di dire "sono ingegnere"; poi, nel timore di essere frainteso, provo a chiedere al mio interlocutore cosa intende lui per destra e sinistra. Se mi ricicla i soliti termini di fascista e comunista, tronco di colpo la discussione o parlo di calcio, se non altro per non farmi prendere dalla nausea.

Le locuzioni "destra" e "sinistra" nacquero verso la fine del Settecento. All'epoca i conservatori sedevano a destra e i liberali a sinistra, laddove, fino a quel momento, avevano preferito differenziarsi per altezza: in basso i girondini e in alto i giacobini, non a caso soprannominati "la montagna". Poi, Dio sia lodato, cambiarono posizione, e meno male che si decisero a farlo altrimenti oggi saremmo costretti a chiamare "alto" Bertinotti e "basso" Fini.

A parte la Rivoluzione francese, però, proviamo a capire che cosa stanno a significare oggi (o dovrebbero significare) "destra" e "sinistra". Non certo marxismo e fascismo dal momento che il vero scontro non avviene più tra rossi e neri, bensì tra democrazia e meritocrazia, ovvero tra due modelli di sviluppo basati essenzialmente il primo sulla solidarietà, e il secondo sull'egoismo.

La democrazia, in quanto potere dei meno abbienti, è più incline all'assistenzialismo, e la meritocrazia fa leva sulla voglia di arrivare del singolo. Trattasi di due modelli economici che se radicalizzati porterebbero ben presto un paese alla rovina, l'uno riducendolo in miseria, e l'altro trasformandolo in una giungla dove solo i più forti riuscirebbero a sopravvivere.

Ciò premesso, il mio desiderio sarebbe quello di trovarmi di fronte, alle prossime politiche, solo due liste, la prima leggermente spostata verso l'assistenzialismo e la seconda più attenta al mercato, e di votare alternativamente, ogni quattro anni, ora l'una ora l'altra, senza per questo essere tacciato di fascismo o di comunismo. La dignità del mio voto verrebbe garantita dal fatto che i due programmi in lotta sarebbero a tal punto vicini sul piano politico, da ridurre al minimo il rischio della scelta.

L'ideale sarebbe addirittura quello di non andare a votare. Ma dal momento che le cose non stanno in questi termini e che non hanno più senso i riferimenti a cui eravamo abituati, quelli cioè di destra e sinistra, esaminiamo la parola "progressista". La definizione di per sé potrebbe pure andar bene, sempre che disponesse di un suo contrario accettabile. E qual è il contrario di progressista? Retrogrado forse? Be', a essere sincero, retrogrado non mi sembra un aggettivo molto lusinghiero per un gruppo politico, seppure all'opposizione. Non ci dimentichiamo, infatti, che la bontà di un Parlamento si misura anche dalla qualità dell'opposizione, e che questa qualità ne risentirebbe se il 40 per cento dei suoi membri fossero tutti retrogradi. Adottiamo dunque una terminologia più rispondente alle forze in campo, magari quella inglese, e chiamiamo laburisti e conservatori i nostri uomini politici, anche se, come "gentlemen", finora, hanno lasciato un po' a desiderare.

La Patria e il *Critone*

Finalmente dopo cinquant'anni possiamo pronunciare la parola "Patria" senza troppo arrossire. Fino a qualche anno fa, infatti, il termine era severamente vietato: Patria voleva dire Razza, quindi Razzismo, e sotto sotto anche Guerra.

Invano un poveraccio, preso in flagrante, precisava che per lui l'amor patrio era pur sempre un amore, e non necessariamente un odio verso gli altri popoli. L'uso del termine gli era interdetto, a meno che non fossero in corso, proprio in quei giorni, i campionati mondiali di calcio, il che voleva dire, in pratica, una volta ogni quattro anni.

Per il resto guai a dir "Patria" in un contesto politico: si veniva subito definiti nostalgici o peggio ancora fascisti. Perfino il coro del *Nabucco*, lì dove dice: "O mia patria sì bella e perduta" dava adito a qualche sospetto. Oggi, invece, grazie all'onorevole Bossi e al federalismo, gli italiani hanno riscoperto l'orgoglio di essere nati tutti nello stesso Paese, tra l'altro neppure tanto orribile.

Per capire cosa vogliono dire in realtà termini come Patria, Legge, Inno nazionale e Bandiera, è necessario andarsi a rileggere il *Critone*, uno dei dialoghi di Platone più stimolanti. Siamo nel 399 a.C., Socrate è rinchiuso nel carcere di Atene ed è in attesa di essere giustiziato. È l'alba, quando arriva Critone, un vecchio amico del filosofo, tra l'altro molto ricco.

«O mio buon Critone» gli chiede Socrate, «come mai sei venuto così di buon'ora?»

«Sono qui per darti una notizia dolorosa: la nave di Delo ha appena doppiato il Capo Sunio, e oggi, o al massimo domani, ti costringeranno a bere la cicuta.»

«E con questo?» risponde Socrate, più calmo che mai. «Prima o poi la nave di Delo doveva arrivare e con essa il giorno dell'esecuzione. Vuol dire che così è piaciuto agli Dei.»

«Non parlare in questo modo, o Socrate, e consenti ai tuoi amici più cari di salvarti la vita. Ho appena preso accordi con i carcerieri affinché questa mattina stessa ti lascino scappare. Mi hanno promesso di fingere di dormire quando tu uscirai dalla cella, e tra l'altro non è nemmeno molto il denaro che hanno voluto in cambio.»

«Sono pronto a prendere la fuga, o mio buon Critone, prima però vorrei che noi due discutessimo a fondo il progetto. Pertanto ti chiedo: non credi che commetterei un'ingiustizia scappando dal carcere contro la volontà degli ateniesi?»

«No di certo.»

«Supponiamo, però, che appena fuori dal carcere io m'imbatta nelle Leggi...»

«In quali Leggi?»

«In quelle di Atene. E che le Leggi, vedendomi camuffato con una palandrana, mi chiedano a gran voce: "Dove stai andando, Socrate, così buffonescamente vestito?". Cosa potrei rispondere?»

«Che stai scappando, perché nei tuoi confronti è stata commessa una grave ingiustizia.»

«Sì, ma un'ingiustizia non giustificherebbe una seconda ingiustizia. E se anche la giustificasse, come potrei oppormi alle Leggi quando è per merito loro che sono venuto al mondo? Non furono forse le Leggi di Atene a unire in matrimonio mio padre e mia madre? E non è sempre per loro merito che da giovane non indietreggiai davanti al nemico? E ora tu, malgrado l'amore che io porto per la *polis*, mi consigli di scappare, magari travestito da donna, e tutto questo per prolungare di qualche annetto la vita.»

Capire il *Critone* vuol dire capire il senso dello Stato.

A ciascuno il suo Diavolo

Esiste davvero il Diavolo? E se esiste, come è fatto? Ha l'aspetto di un drago, di un serpente o di un caprone? Ha le corna e la coda? E come dobbiamo chiamarlo? Satana, Lucifero o Belzebù? A essere sinceri, è un argomento difficile da trattare: chi crede in Dio è costretto a credere anche nel Diavolo e viceversa, non ci sembra quindi che ci sia tanto da scherzare.

Cominciamo con il nome: solo in Italia si calcola che esistano più di cento modi per chiamarlo. Tanto per darvene un'idea, vi elenco tutti quelli che cominciano per A: Abigor, Abrasso, Abracace, Adramelek, Aguares, Alastor, Alocero, Amduscia, Amon, Andras, Asmodeo, Aym e Astarotte. Per guanto riguarda poi l'aspetto, non c'è che l'imbarazzo della scelta: Balan ha tre teste, una di uomo, una di toro e una di ariete, Caim è un merlo, Ukobach è un topone alto due metri con in mano una specie di lanciafiamme, Furfur è un cervo alato, ha quattro mani al posto degli zoccoli e parla con voce rauca.

Tutti questi nomi e queste descrizioni ci fanno capire che il Diavolo esiste sul serio, se non altro come "presenza angosciosa nel subconscio". Ma chiediamoci se esiste anche un qualcosa di tangibile che possiamo chiamare "il Diavolo". Io penso che il nostro animo sia formato da tre parti di diverso peso: una parte buona, una parte cattiva e una fatta di sola volontà. L'insieme delle parti buone di tutti gli esseri umani costituisce il Bene, mentre l'insieme delle parti cattive forma il Male.

Per il momento evitiamo di identificare il Bene con Dio e il Male con il Diavolo; finiremo con l'accettare il principio che il Diavolo sia un qualcosa di esterno a Dio, il che comporterebbe implicazioni teologiche che non saremmo poi capaci di risolvere. Accontentiamoci quindi di prendere atto che esistono due attitudini dell'animo umano che possiamo approssimativamente chiamare il Bene e il Male, in continua lotta tra loro. Chi avesse dei dubbi al riguardo, si chieda quanti piccoli o grandi peccati commette ogni giorno senza rendersene conto.

Anche per il peccato non è facile trovare una definizione universale che vada bene a tutti. Come per Dio e per il Diavolo è possibile trovare nomi diversi, presso popolazioni diverse, così per i peccati ci sono liste che cambiano di Paese in Paese e di religione in religione: ciò che è peccato in Papuasia non lo è più in Alaska, e mentre un bicchierino di whisky bevuto a Teheran fa andare dritti all'Inferno, a Oslo fa solo salute e simpatia. Ci si chiede, a questo punto, se nel giorno del Giudizio Universale ci sarà qualcuno che terrà conto del Paese di origine.

Comunque, malgrado l'apparente varietà delle trasgressioni, c'è qualcosa di comune in tutti i peccati: "il fare male agli altri, comprendendo tra gli altri anche se stessi".

Ricapitolando, non è tanto importante stabilire se esiste o meno il Diavolo e prima di lui Dio, quanto rendersi conto dell'esistenza di una Forza negativa che è dentro di noi. Il primo quesito "esiste il Diavolo?" riguarda il mondo dell'aldilà e per il momento è inutile porselo, o quanto meno è di difficile soluzione. A tempo debito ne prenderemo atto e, nel caso, faremo le presentazioni. Il secondo quesito, invece, "esiste il Male?", è determinante ai fini dell'etica quotidiana.

Dividiamo quindi l'insegnamento cristiano "ama il prossimo tuo, come te stesso, e sarà tuo il Regno dei Cieli" in due proposizioni distinte, e cominciamo con l'amare il prossimo, non come mezzo per conquistare il Regno dei Cieli, ma solo come fatto di estrema convenienza. Per quanto riguarda il Regno dei Cieli poi vedremo. Nel frattempo rendiamoci conto che amare il prossimo e già un buon affare, qui sulla Terra.

Come l'angioletto e il diavoletto di Peynet, il Bene e il Male ci consigliano minuto per minuto nelle scelte. Spetta alla Volontà, terza parte dell'animo umano, di allearsi con l'uno o con l'altro. Il Bene e il Male compiono, ciascuno per proprio conto, il loro dovere: essi sono i rappresentanti di Dio e del Diavolo (sempre che ci siano) e faranno di tutto per trascinarci dalla loro parte.

E una Madonna che sorride...?

Pare che in Italia, solo nell'ultimo secolo, ci siano state ben quattrocento Madonne piangenti e non una, dico una, che sorride.

Perché mai tutto questo? Perché la Fede tende alla tragedia e rifugge dalla commedia. Oppure perché è molto più difficile far ridere una statua che farla piangere.

Questi fenomeni avvengono quasi sempre in provincia e nei periodi d'instabilità politica. Evidentemente i santi, dall'altro mondo, seguono con molta attenzione le vicende politiche riportate dai nostri quotidiani e dai telegiornali, e, non potendo intervenire in diretta, si esprimono come possono, facendo cioè piangere le loro immagini terrestri.

Lo scettico non è un uomo che non crede, ma semplicemente un individuo che mette in dubbio la realtà, giacché per lui il "credere" e il "non credere" sono sullo stesso piano emotivo. I responsi scientifici, se condotti in modo non rigoroso, lo lasciano del tutto indifferente. Che il sangue o che le lacrime di una qualsiasi effigie sacra siano vere, o che le statue non nascondano cunicoli interni o altri marchingegni, per lui non ha alcuna importanza: si tratta sempre di riscontri privi di significato.

Per testimoniare l'avvenuto miracolo, i reperti dovrebbero essere prelevati contemporaneamente al miracolo. In altre parole, lo scettico mette in dubbio che il sangue sottoposto a esame sia lo stesso di quello versato dalla statua, e teme che la statua sia stata cambiata un attimo prima di essere esaminata ai raggi X. D'altra parte, come dargli torto? Un qualsiasi prestigiatore di mezza tacca sarebbe in grado di operare trucchi del genere.

Ma allora, così ragionando, non dovrei credere nemmeno al miracolo di san Gennaro. E infatti non ci credo: il fatto che a sciogliere il sangue ci siano ben undici santi, di cui dieci a Napoli e uno nelle vicinanze (per la cronaca san Pantaleone), mi ha sempre fatto nascere qualche dubbio.

La stupidità è il motore del mondo. I politici, gli uomini di marketing, i religiosi, i personaggi dello spettacolo, campano tutti, chi più chi meno, sulla stupidità umana.

Che cosa è, infatti, la pubblicità se non una forma di plagio collettivo? E su che cosa si basa l'audience di un programma televisivo se non sul cattivo gusto della maggioranza? E fino a che punto sono sinceri i discorsi dei politici nel periodo elettorale?

Perché poi tutto questo non faccia ridere le statue, resterà sempre un mistero.

Scusi, posso sedermi sui bordi dell'Universo?

Sulla rivista britannica "Nature" si legge che la Teoria della Relatività di Einstein sarebbe sbagliata. Non è vero, precisa l'astronomo Tom Shanks, che l'Universo è curvo e finito. È vero, al contrario, che si espande di continuo e che al di là dei suoi confini non c'è che il vuoto. Ebbene, perché si sappia: io e Albert non la pensiamo così.

Per capire chi ha ragione vediamo che cosa si sa a tutt'oggi dell'Universo. Secondo la maggioranza degli addetti ai lavori, quindici miliardi di anni fa ci sarebbe stata una grandissima botta, nota a tutti come Big Bang, e a seguito di questa esplosione tutta la materia esistente nell'Universo si sarebbe espansa fino a raggiungere le attuali dimensioni.

E fin qui siamo tutti d'accordo. Dove, invece, cominciano ad affiorare i primi dubbi è quando Einstein aggiunge che "l'Universo è finito e curvo".

Esaminiamo un aggettivo per volta e cominciamo con la parola "finito". Nel IV secolo a.C. un filosofo di nome Archita disse: "Se, come voi dite, l'Universo è finito, immagino che debba avere un bordo e che io mi ci possa sedere sopra. Dopo di che vi chiederei: posso allungare un braccio? E dove va a finire questo braccio se l'Universo è finito?". Passano 2400 anni e Einstein risponde: "Caro Archita, mi spiace doverle comunicare che il suo braccio, nel momento in cui lei arriva sul bordo dell'Universo, scompare. Eh già, perché al di là dell'Universo non c'è il vuoto, come lei crede, bensì il niente, e tra il vuoto e il niente la differenza è enorme".

Il vuoto, infatti, ha in più del niente almeno le quattro dimensioni, e, precisamente, le tre relative allo spazio e la quarta relativa al tempo. Una stanza vuota, tanto per fare un esempio, ha sempre un'altezza, una larghezza e una profondità, e anche se dentro non c'è nessuno ha comunque il tempo che passa, laddove il niente, poveraccio, non ha nemmeno quello: né le dimensioni né il tempo. Lui non esiste e basta, come peraltro dice la parola stessa.

Domanda dell'uomo della strada: "Ma se parto in una direzione qualsiasi e continuo a viaggiare con un razzo fino a raggiungere i confini dell'Universo, una volta arrivato sul posto, che faccio? Mi fermo o proseguo?".

Risposta di Einstein: "Giunto ai confini, non potrà fare più niente, in primo luogo perché sparisce, e in secondo luogo perché il tempo si ferma".

Tutte le galassie sono in viaggio verso i confini dell'Universo. La loro velocità, man mano che si avvicinano ai bordi, aumenta sempre di più. Sennonché, a ogni aumento di velocità corrisponde un relativo rallentamento del tempo e una contemporanea contrazione della materia. Ragione per cui, quando si arriva alla velocità massima (quella della luce) il tempo si ferma e la materia scompare.

Detto in altre parole, il tempo è relativo alla velocità con cui ci si muove nello spazio (Teoria della Relatività) e più si va veloci, più il tempo rallenta. Quando si arriva alla velocità massima, non solo si fermano le lancette dell'orologio, ma sparisce anche l'orologio.

E ora passiamo al secondo concetto, quello di "curvo". Come è possibile che l'Universo sia curvo? Einstein risponde: "Una persona dalla vista eccezionale, guardando dritto davanti a sé, dovrebbe poter vedere la propria nuca".

In questo caso, il fatto difficile da capire è che quello che è inconcepibile in uno spazio a n dimensioni, diventa subito concepibile in uno spazio a $n + 1$ dimensioni (e a questo punto Albert aiutami tu, altrimenti mi perdo il lettore).

Supponiamo di essere tutti uomini a una sola dimensione e di vivere in un Universo anch'esso a una sola dimensione. Ognuno di noi, in questo caso, non sarebbe altro che un trattino. Giancarlo Magalli, in quanto basso, sarebbe un trattino più corto. Pippo Baudo, in quanto alto, un trattino più lungo. Il nostro Universo, poi, sarebbe semplicemente una retta. A questo punto Baudo chiede a Magalli: «Giancarlo, ma, secondo te, l'universo è finito o infinito?».

«È certamente infinito» risponde tranquillo Magalli. «Anche perché, se finisse, ci sarebbe comunque un prolungamento che lo renderebbe infinito.»

«Nossignore» interviene Einstein (anch'egli un trattino), «la retta di cui parlate, cioè l'Universo, non è una retta ma una circonferenza. Se uno di voi la percorresse per intero finirebbe col tornare al punto di partenza. L'Universo, quindi, non è infinito, ma finito, ed è finito proprio perché è curvo.»

«Una circonferenza?» chiede stupito Baudo. «E che cos'è una circonferenza?» E avrebbe ragione di chiederlo giacché lui, animale a una sola dimensione, non è capace di concepire una figura a due dimensioni come la circonferenza.

La stessa cosa accadrebbe se fossimo esseri a due dimensioni e vivessimo su un piano. In quel caso l'impossibilità del "curvo" e del "finito" nel piano, diventerebbe un fatto possibile nella terza dimensione, ovvero nella sfera.

E così di seguito, per estrapolazione, dobbiamo poterci immaginare una figura a quattro dimensioni (le tre di sempre più quella del tempo) dove sia concepibile un universo curvo e finito.

Lo so, è difficile: siamo animali a tre dimensioni e uno spazio a quattro non riusciamo proprio a immaginarcelo. Al massimo potremmo dire: "Se lo ha detto Einstein gli crediamo sulla parola".

Il caffellatte e l'entropia

Da persone bene informate ho saputo che quando Dio cacciò Adamo ed Eva dal Paradiso terrestre, non si limitò a dire: "Tu uomo lavorerai con sudore e tu donna partorirai con dolore", ma aggiunse "e tutti e due sarete perseguitati dal secondo principio della termodinamica, ovvero dall'entropia".

Ecco il principio: "Ogniqualvolta in natura la materia viene trasformata in energia, una buona parte di questa energia diventa non più utilizzabile e va ad aumentare il disordine che è già nell'ambiente. La misura del disordine prodotto si chiama entropia". E facciamo subito un esempio: quando trasformiamo il petrolio in energia cinetica per consentire a mio cugino di andare da Milano a Monfalcone, la maggior parte di questa energia si perde sotto forma di anidride carbonica e va a inquinare l'atmosfera. Ora, se si trattasse di mio cugino soltanto, pazienza, il guaio è che siamo in tanti a voler andare tutti i giorni da Milano a Monfalcone.

L'uomo, per migliorare le proprie condizioni di vita, ha inventato l'automobile, l'aeroplano, il frigorifero e tutto quello che, secondo lui, avrebbe potuto rendere più comodo e ordinato il suo mondo. Sennonché il disordine connesso a ognuna di queste scoperte è maggiore dell'ordine prodotto. Se all'inizio nessuno ci ha fatto caso è perché il disordine è sempre stato esportato, o in altri Paesi (vedi *Karin B*), o in altre zone dell'atmosfera (vedi buco nell'ozono) o addirittura rimandato a epoche future (vedi scorie radioattive).

«Per la legge dell'accrescimento dell'entropia» mi dice il fisico Francesco Grianti «ogni sistema in natura evolve *spontaneamente* da uno stato *più ordinato* a uno *più disordinato*. Le faccio due esempi: 1) Se lei lascia una tazza di tè bollente su un tavolo e torna dopo un'ora, troverà che il tè si sarà raffreddato, in quanto ha ceduto *spontaneamente* il suo calore all'ambiente. 2) Se lei versa in una tazza del caffè e del latte, le molecole dei due liquidi non resteranno separate, le une di fronte alle altre come due armate contrapposte, ma si mischieranno *spontaneamente* fino a formare il caffellatte.»

«E questo cosa c'entra con l'entropia?»

«C'entra, perché in entrambi i casi sarà aumentato il disordine.»

Insomma, se ho ben capito come stanno le cose, il nostro mondo tende *spontaneamente* a omologarsi e a diventare sempre di più una massa uniforme. Ogniqualvolta una sostanza si sminuzza, finisce col mischiarsi con tutte le altre fino a creare un guazzabuglio indescrivibile. Il mondo non viene dal Caos, ma va verso il Caos. È come se io lasciassi una mattina il mio guardaroba tutto in ordine e lo ritrovassi la sera con i calzini in mezzo alle cravatte, le mutande tra le giacche e così via. Per il secondo principio della termodinamica, infatti, il disordine è irreversibile: può aumentare ma mai diminuire.

Ciò premesso, possiamo immaginare fin da adesso come sarà la fine del mondo: l'Universo diventerà un unico, immenso, uniforme cappuccino dove, non essendoci più alcuna diversità tra un punto e l'altro dello spazio (né di temperatura né di energia o di altro) non ci sarà nemmeno un buon motivo per muoversi. In quell'attimo, non essendoci più il movimento, con buona pace di Parmenide e dei suoi seguaci, non ci sarà nemmeno la vita. Che fare per ritardare la fine del mondo? Muoversi quanto meno possibile, dicono i fisici, e questo lo avevano già capito i guru indiani.

Tutto tende all'omologazione, non solo la materia, ma anche il modo di comunicare, di vestirsi e il pensiero. Una volta Gianni Vattimo scrisse un articolo in cui incolpava la panna di rendere dello stesso sapore sia i tortellini fatti in Emilia sia quelli preparati nelle Puglie.

Più passa il tempo e più diminuiscono le differenze tra gli esseri umani: spariscono i dialetti a favore dell'italiano, spariscono le lingue (e con esse l'italiano) a favore dell'inglese. Il consumismo, vera minaccia entropica del nostro secolo, coadiuvato dai cani pubblicitari, c'impedisce di uscire dal gregge.

«Bisogna per forza andare a vedere Michael Jackson» dice una bella ragazza a un giovanotto.

«Perché?» chiede lui.

«Perché ci vanno tutti» risponde lei.

Visto il pericolo, più che ambire al titolo di dottore, ognuno cerchi di guadagnarsi almeno quello di egregio [da *ex gregis* = fuori dal gregge] e di pensare con il proprio cervello, avendo in massima cura le tradizioni.

La maggioranza degli americani è convinta che l'umanità si stia muovendo verso una situazione migliore, solo perché non tiene conto che l'ordine realizzato in una parte del globo è stato ottenuto a spese di un maggior disordine seminato in tutto il resto del mondo.

D'altra parte, come non dare ragione ai paladini del progresso quando ci sbandierano i parametri dei loro successi: allungamento della vita media, diminuzione della mortalità infantile, epidemie debellate e via dicendo? Un secolo fa in Italia, quando nacque mio padre, la malattia più diffusa era la tisi, ovvero la fame: eppure eravamo sì e no venti milioni di abitanti.

A chi dobbiamo il fatto che oggi riusciamo a metterci a

tavola in 58 milioni di persone e a godere di un alto tenore di vita? Al progresso, ai concimi chimici, ai refrigeratori che conservano gli alimenti e ai Tir che li trasportano su e giù per l'Italia.

Ma allora: tutti i discorsi di prima? L'entropia? Il disordine? Il secondo principio della termodinamica? La risposta giusta è come sempre quella di Periandro: "Ottima è la misura, a voi il compito di trovarla".

Socrate e i saccopelisti

ANTISTENE O Socrate, la civiltà avanza con le sue regole e mi opprime. Minaccia di togliermi ogni libertà: non vuole che vada in giro a torso nudo d'estate, m'impedisce di dormire per terra, di notte, quando tutti sanno che sono stato io l'inventore del sacco a pelo, il primo a raddoppiare il mantello per poterci dormire dentro. Come potrai più vantarti, o città nemica, di essere la patria di uomini liberi!

SOCRATE Caro Antistene, io penso che tu abbia della libertà un concetto troppo allargato. Dovresti aver imparato che la tua libertà finisce dove comincia la mia. Tu invece non hai raddoppiato solo il mantello, ma anche il tuo spazio vitale. Qui oggi noi stiamo assistendo alla guerra del Brutto contro il Bello.

ANTISTENE E chi sarebbe il Brutto? Io forse? Io che la penso esattamente come i giovani? Sono forse i giovani, la speranza del domani, il Brutto di cui parli?

SOCRATE Sì, se questa speranza non si lava.

ANTISTENE I filosofi, si sa, non si sono mai lavati...

SOCRATE ... ma avevano il privilegio di essere pochi; i giovani, invece, sono moltissimi. Essi rivendicano "il diritto alle stelle", quando il loro vero problema è "il diritto alla toilette". Se tre o quattromila giovani si accampano a Rimini, nei pressi della spiaggia, o a Venezia, nella piazza della stazione, dove pensi che andranno a fare la cacca?

ANTISTENE Ma a te cosa importa? Si arrangeranno con i gabinetti della stazione, o andranno sulla spiaggia di prima mattina, quando non li vede nessuno.

SOCRATE E poi immagino che vorranno lavarsi, o almeno lo spero! Vorranno farsi una doccia calda, un bidè o qualcosa del genere.

ANTISTENE Tu ragioni come un borghese, o Socrate. I giovani vogliono dormire sotto le stelle proprio per un bisogno innato di libertà, per uscire dagli schemi di una civiltà opprimente, fatta di regole di bon ton. I giovani vogliono dormire dove capita, lavarsi quando è possibile, chiedere ospitalità solo a quelli che sembrano più umani. L'importante è che possano vivere insieme, fraternizzare con altri esseri che la pensano come loro, pronti a darsi una mano, gli uni con gli altri, in caso di bisogno. Non più un albergo dove nessuno saluta nessuno, dove c'è la bottiglia di acqua minerale che porta il numero della tua stanza per impedire che qualcun altro se la beva.

SOCRATE Allora, se ho ben capito, la vera ragione dell'esistenza dei saccopelisti non è la povertà o il caro-alberghi, ma il desiderio di una vita diversa?

ANTISTENE Proprio così, o Socrate.

SOCRATE E questo, ti confesso, io all'inizio non lo avevo capito. Mi meravigliavo: ma come, pensavo, in Romagna esistono alberghi a poche decine di euro al giorno, pensione completa, e c'è chi preferisce dormire all'aperto, per poi spendere, magari, la stessa cifra in panini e in discoteca? No, dicevo tra me e me, qui deve esserci un'altra ragione, e ora tu me ne hai dato la spiegazione.

ANTISTENE Se sei quindi d'accordo, perché vuoi impedire a qualche migliaio di ragazzi di vivere la loro vita?

SOCRATE Perché non lavandosi, camminando in costume da bagno e usando come gabinetto la pubblica strada o la spiaggia, rendono brutto il paesaggio, e, nello stesso tempo, pretendono di accamparsi proprio nei posti dove c'è il Bello. Scelgono Venezia, Firenze, Roma, Capri e altri luoghi dove il Bello è sempre stato di casa.

ANTISTENE Vorresti forse che visitassero Sesto San Giovanni e Cinisello Balsamo?

SOCRATE Nossignore: anch'io penso che dovrebbero frequentare le più belle città e visitare i grandi musei. Quello però che vorrei evitare è che un giorno il Brutto possa sopravanzare il Bello.

ANTISTENE E che cosa proponi?

SOCRATE Che ogni città provveda a creare grandi parchi spogliatoi, con docce e servizi igienici. Non degli ostelli in muratura, costosi e poco ricettivi, ma dei luoghi molto più ampi, dove possa restare intatto il fascino *on the road* della vita del saccopelista, giacché immagino che questo tipo di esistenza piaccia proprio perché offre ai giovani l'opportunità di conoscersi fra loro.

ANTISTENE E cosa faresti pagare ai giovani per ogni giorno di permanenza?

SOCRATE Assolutamente nulla. Li tratterei come ospiti alla pari, e, dal momento che amano tanto la strada, li pregherei, ogni mattina, di spazzare una via della città a loro scelta, per un paio d'ore: li farei lavorare a coppie, in modo da favorire anche la conoscenza reciproca. In pratica li aggiungerei come forze supplementari a quelle della Nettezza urbana. Chissà che un giorno il Brutto non diventi Bello e il Bello più Bello ancora!

Si chiede la proroga...

L'essere senza casa in Italia è una condizione di vita permanente: chi ci finisce dentro, vuoi perché un terremoto gli ha distrutto l'abitazione, vuoi perché un pretore lo ha messo per strada per morosità, non ha alcuna possibilità di scampo, e questo perché lo Stato italiano non è capace di risolvere i problemi dei singoli individui, ma solo quelli relativi alle grandi opere, ossia quei progetti che consentono ai politici locali un consistente movimento di capitali.

Questa lezione ebbi modo di apprenderla nel lontano 1973, lavorando alla memorizzazione su computer delle leggi emesse dalla nostra Camera dei deputati.

All'epoca, lavoravo alla IBM e avevo come controparte tecnica nientepopodimenoche Beniamino Placido, non ancora fustigatore di conduttori televisivi, ma già critico implacabile dell'operato dei nostri governanti.

Tra le tante proposte di legge che mi passarono davanti, me ne capitò una così comica, ma nello stesso tempo così emblematica, che fin d'allora ritenni indispensabile procurarmene una fotocopia.

Trattavasi di una proposta di legge avanzata da tale onorevole Bova a favore del comune omonimo di Bova Marina (era datata 4 ottobre 1973 e aveva come numero di protocollo il 2364). Il testo, come è facile constatare, non ha bisogno di alcun commento. Proverò a riportare i passaggi più significativi:

> Onorevoli colleghi, il piano regolatore e di ampliamento di Bova Marina, a seguito del terremoto del 28 dicembre 1908, è stato approvato con regio decreto il 26 febbraio 1925. L'attuazione del piano regolatore è stata approvata con legge 4 aprile 1935. È stato così realizzato il primo stralcio di lavori. Poi la guerra 1940-1945. Con legge febbraio 1962, il termine di attuazione è stato prorogato al 15 aprile 1966.
>
> Il piano regolatore non si è potuto realizzare per mancanza di finanziamenti e perché non si è potuto dare alloggio alle cinque famiglie che abitavano le vecchie case da demolire. Allo scopo è stato finanziato dal ministero dei Lavori pubblici un secondo stralcio di lavori per lire 200 milioni demandando al Genio civile di Reggio Calabria la progettazione e l'attuazione.
>
> Il progetto allora è stato approvato dall'apposita commissione del provveditorato ai Lavori pubblici di Catanzaro con voto num. 721 nell'adunanza del 19 novembre 1971. Perdurando le condizioni che hanno determinato la proroga prevista dalle leggi 25 gennaio 1962 e agosto 1967, ora che le vecchie abitazioni sono definitivamente crollate a seguito di recenti alluvioni, ed essendo accantonata la somma di lire 200 milioni, si chiede la proroga di attuazione fino al 31 dicembre 1975...

Amore e statistica

«Ti va di far l'amore?»

«Sì.»

«E allora vieni tu da me, non ho molto tempo e dopo debbo andare a cena fuori.»

Questa la telefonata che ho ricevuto da Raffaella, parola più parola meno. Raffaella, ventiquattro anni, capelli corti neri, studentessa d'architettura, ovviamente femminista ed extraparlamentare. Ma di che ti lamenti, mi dico, non è quello che hai sempre desiderato? Oramai è finita l'epoca dei "vuoi venire a sentire un po' di musica da me". L'atmosfera romantica, un solo abat-jour, il disco lento, il facciamola bere un po'. "Smettila, non fare così!" "E su dài!" "Se lo sapevo non ci venivo." "Ma come si slaccia questo reggiseno?" "Aspetta che faccio io."

Adesso invece è tutto più semplice, più civile. Ci sono un uomo e una donna che hanno voglia di fare l'amore e, viva la faccia, se lo dicono subito a chiare lettere, papale papale, senza tante ipocrisie.

Questo fatto della telefonata di Raffaella lo debbo raccontare a Peppino. Lui è rimasto ancora agli anni Sessanta: l'invito a cena, il night e poi speriamo bene. E comunque mai alla prima uscita.

Ecco qua, sono a casa di Raffaella. Mi apre la porta in

vestaglia. Mi dice: «Intanto spogliati che io faccio la doccia». Mi spoglio. Butto tutti i vestiti a casaccio sopra una poltroncina e m'infilo nel letto. Chissà poi perché ogni volta li butto via così. Abitudine di chi certe cose le ha sempre fatte in condizioni furtive? Desiderio di stringere i tempi? Mah? Mi rialzo e metto tutto in ordine. I pantaloni ripiegati per benino. Le scarpe allineate con i calzini all'interno.

È stato a questo punto che ho visto per terra alcune riviste femminili specializzate in problemi sessuali. Mi sono seduto, così come stavo, e ho cominciato a sfogliarne una. Quali sono le zone erogene del nostro corpo? Quale il coefficiente erogeno di ciascuna zona? Nomi scientifici di tutte le regioni in cui si suddivide l'organo maschile. Mio Dio, io non lo sapevo di possedere tutte queste zone. E invece eccolo là, disegnato a colori come una carta geografica.

Continuo a leggere e trovo la statistica degli atti sessuali preferiti dalle donne. Apprendo che il 48 per cento delle commesse in Italia gradisce le carezze manuali. Ovviamente la voce "introduzione" riscuote, sempre nell'ambiente commesse, un maggiore successo: il 53 per cento. Istintivamente vado a controllare nella colonna "studentesse" e mi accorgo che l'indice sale ancora: 55 per cento. Dipenderà dal fatto che leggono di più. Io comunque tra tutte queste cifre mi perdo.

Mi guardo allo specchio e penso: ma tu hai studiato? Forse avrei dovuto cominciare a capire certe cose da piccolo e invece fino all'età di undici, dodici anni non ho mai saputo niente. Ma proprio niente di niente. Ricordo che una volta in quinta elementare, durante una lezione di aritmetica, il maestro si mise a gridare come un ossesso: «Se trovo chi mi ha portato in aula questa porcheria lo accompagno a calci fino a casa». «Ma che ha trovato?» chiesi al mio compagno di banco. «Un preservativo» rispose lui. Io non sapevo che cosa fosse, ma avevo capito che doveva essere qualcosa di tremendo, qualcosa che aveva a che fare con il sesso. Il cuore incominciò a battermi forte forte. Il sesso? Una cosa misteriosa, un bosco sconosciuto, una stanza buia.

Raffaella rientra e s'infila nel letto. Mi sdraio accanto a lei e le dò un piccolo bacio sul collo... Bacio sul collo? Indice di gradimento: 41 per cento. No, il 41 per cento era quello delle casalinghe. Quello delle studentesse dovrebbe essere maggiore, ma adesso non mi ricordo quant'è.

Grazie Dante? No, grazie Pippo

Mio padre nella guerra del '15-18 faceva l'interprete, ma non tra italiani e austriaci, come si potrebbe pensare, bensì tra italiani e italiani. Quando il tenente, che era veneto, doveva ascoltare un caporale siciliano o un sergente napoletano, lo mandava a chiamare e si faceva tradurre tutto parola per parola.

L'italiano, diciamo la verità, è nato solo negli anni Cinquanta, in pratica con la televisione. Non è stato Dante a regalarci un linguaggio nazionale, ma Pippo Baudo. Piuttosto ci si chiede: com'è che da una lingua bella e sintetica come il latino si è passati a un mezzo di comunicazione decisamente inferiore come l'italiano? È successo da un giorno all'altro, tutto a un tratto, oppure il passaggio è avvenuto gradualmente, giorno dopo giorno, una parola oggi, una parola domani e un'altra dopodomani? E quanto hanno influito in questa mutazione le dominazioni straniere?

Eh già perché, come tutti sanno, l'Italia nel corso dei secoli è stata invasa un po' da tutti, da unni, goti, ostrogoti, normanni, svevi, angioini e chi più ne ha, più ne metta. A Napoli, per esempio, non si contano le espressioni dialettali derivanti dal francese e dallo spagnolo. Tutte le parole che finiscono per consonante vengono pronunciate con l'accento sulla sillaba finale. Abbiamo quindi Sophia Lorèn, la pizzeria Trianòn e l'azienda dei trasporti pubblici Atàn: tutte accentate sull'ultima vocale, a eccezione di Cavour che si pronuncia Càvour.

Non parliamo poi delle offese che vengono recate a ogni piè sospinto alla lingua latina: Diana, fino a prova contraria era una dea romana, vergine e protettrice della caccia. Chiamarla "Daiana" è un'ignominia gratuita che lei, poverina, non si merita. Lo stesso dicasi di "mass media" che tutti pronunciano *mass midia*. Ebbene, diciamolo una volta per tutte: porca la miseria, "media" si dice media e non *midia*! È il plurale di *medium* che fino a prova contraria è una parola latina. E lo stesso dicasi di *Microsoft* quando lo si pronunzia *Maicrosoft*. Fino a prova contraria *mikrós* è un aggettivo greco che vuol dire "piccolo, tenue, minuscolo". E allora perché non rispettarne l'origine?

Vabbene che abbiamo perso la guerra, ma che ognuno si sforzi, se possibile, di pronunciare le parole secondo il loro luogo di origine, altrimenti io, da oggi in poi, dirò "Vasington" al posto di Washington e "Sachespeare" al posto di Shakespeare.

Televisione, sfogliatelle e babà

Credo molto nella televisione educativa ma credo anche che i primi a dover essere educati debbano essere proprio i dirigenti; si sono lasciati prendere da questo fenomeno dell'Auditel in una corsa, in questi ultimi anni, verso il basso: educhiamo, quindi, prima i capi e poi il popolo.

Perché penso che sia fondamentale usare la televisione come mezzo educativo? Uno dei più grandi problemi italiani è quello della criminalità. Se ci pensate bene, la criminalità può essere combattuta solo in due modi. Il primo è una feroce dittatura che prende i criminali e i presunti criminali e, senza starci troppo a pensare, li deporta, li relega nelle isole, li condanna a morte. Però una cosa del genere non la vogliamo e, grazie a Dio, forse non la sappiamo nemmeno fare.

L'altra strada sarebbe quella di far diventare un pochino più colti gli italiani; perché una persona, quando diventa più colta, capisce subito che non gli conviene fare il criminale, perché il criminale conduce una vita terribile, una vita fatta di tante cattiverie, dove deve stare sempre in guardia perché lo vogliono uccidere eccetera; ma per capire questo bisogna diventare colti.

Che possiamo fare? Possiamo prendere 58 milioni di italiani e portarli tutti a scuola? Mi pare difficile.

Dobbiamo allora prendere la televisione e portarla in casa di tutti gli italiani, per far scuola a tutti gli italiani.

Per scuola non intendo ovviamente le materie scolastiche, ma un minimo di conoscenza. Mi sono sempre sforzato di far vestire la conoscenza con i panni dell'ironia, questo per venire incontro alle persone. Le mie lezioni (chiedo scusa se le chiamo *lezioni*) di mitologia, erano fatte così.

Raccontavo la mitologia come si raccontano le favole ai bambini e ho avuto dei riscontri eccezionali, centinaia di lettere di persone che scoprivano la mitologia.

Purtroppo, però, bisogna trovare lo spazio per poter fare queste cose. Tranne alcuni programmi del Dipartimento Scuola Educazione e qualche cosa realizzata da Piero Angela, poco o niente di educativo è stato fatto dalla tivù.

Sono molto preoccupato perché una volta bastava guardare la televisione per capire che giorno fosse: se era lunedì c'era un film, se uno invece vedeva un quiz diceva che era giovedì, vuol dire che c'era Mike Bongiorno, lo show si faceva il sabato e il venerdì per esempio era dedicato alla prosa. Che fine ha fatto la prosa? Ha fatto una brutta fine.

Perché non può competere con gli altri, in materia di Auditel?

Allora succede che privilegiando sempre i desideri bassi della massa dell'Auditel, scompare la cultura. Quando ero ragazzino, non volevo mangiare la carne, ma mio padre diceva che la carne è importante, le proteine sono importanti perché altrimenti non si cresce e io dicevo: "Papà, quando sarò grande voglio mangiare solo dolci: per primo una bella torta di mele, per secondo voglio sfogliatelle e babà e poi mi prenderò qualche cioccolatino".

Invece aveva ragione lui. Ora, che televisione stiamo dando oggi alla gente? Stiamo dando per primo la torta di mele, poi cioccolatini e poi sfogliatelle e babà.

L'Italia della Dea Tivù

Se ci fossero ancora gli Dei, quelli del paganesimo, intendo dire, avremmo di certo una Dea Televisione e una Dea Stampa. Due presenze sostanzialmente diverse: la prima, più o meno simile a Venere, un po' puttana e decisamente semianalfabeta. La seconda, invece, somigliante a Minerva: un tantino elitaria e con la puzza sotto al naso. Entrambe belle, in verità, ma acerrime nemiche l'una dell'altra.

Il fatto è che esistono due Italie, del tutto diverse fra loro: quella televisiva e quella dei lettori dei giornali. La prima formata da una quarantina di milioni di persone con scolarizzazione media vicina alla scuola dell'obbligo; la seconda che non va oltre i dieci milioni di individui (a voler essere ottimisti) e che legge, s'informa e discute di politica. La prima di centrodestra, la seconda di centrosinistra.

Piaccia o non piaccia, è così che stanno le cose o, per meglio dire, è così che dicono i sondaggi. Questo i partiti politici lo hanno capito benissimo ed è per questo motivo che spingono come forsennati verso il centro. Tutti a scoprirsi più liberali che missini; più liberali che comunisti, più liberali che liberali. Al centro, posti in piedi.

Ciò che meraviglia, invece, è l'inversione dei ruoli. Due secoli fa, all'epoca della Rivoluzione francese, la sinistra era tutta per il popolo e la destra tutta per l'aristocrazia. Ora basta andare in giro per rendersi conto del ribaltone: i tassisti, i bottegai, la gente del popolo è schierata compatta a favore di Fini e Berlusconi. Guarda il Bagaglino e *Paperissima* e non ha dubbi. Nei salotti mondani, invece, quelli culturali, quelli elitari, detta legge la sinistra. Se vuoi aver fortuna nel cinema, nella letteratura o nello spettacolo in genere, devi sembrare progressista, altrimenti sei spacciato: non rimedierai mai uno straccio di recensione.

Ho amici di radicata vocazione consumistica e filoamericana che per pura convenienza hanno indossato il berretto frigio. Oggi, se votassero i soli lettori dei quotidiani, la sinistra non avrebbe avversari: prenderebbe la maggioranza assoluta. A ogni modo consiglio a Bertinotti di aggiornare l'inno: "Avanti élite, alla riscossa, bandiera rossa, bandiera rossa".

Il calendario:
da Gregorio XIII a Sabrina Ferilli

Da ragazzo avevo un amico, tale Carletto Capone, il cui compleanno cadeva giusto il 29 febbraio. Per lui quella ricorrenza era un piccolo dramma. Per tre volte infatti, ogni quattro anni, si perdeva i regali di compleanno. Gli amici, poi, invece di chiamarlo Carletto, lo chiamavano Bisestile, e questo lo faceva infuriare ancora di più. Capone riuscì in qualche modo a trovare un accordo con la famiglia: festeggiava il suo compleanno alla mezzanotte in punto del 28 febbraio e pazienza se il giorno dopo era già il 1° marzo. Adesso, però, chiediamoci per quale motivo sono stati inventati gli anni bisestili. La necessità di avere un calendario fu avvertita innanzitutto dagli usurai. I babilonesi, gli egiziani e gli antichi romani, basandosi sulle fasi lunari, e sul variare delle stagioni, riuscirono a mettere in piedi una specie di scadenzario, in base al quale poter riscuotere i propri interessi. Di qui la suddivisione del tempo in anni, mesi, giorni e ore.

Ovviamente, ogni popolo si creò un calendario a proprio uso e consumo: gli aztechi avevano un anno formato da 18 mesi di 20 giorni ciascuno e gli indiani distinsero i mesi solari fatti di 29 giorni da quelli lunari che ne contavano 30. Dalle parti nostre il primo a cercare di mettere un po' d'ordine fu il re Numa Pompilio che cominciò a distinguere i mesi formati da 31 giorni da quelli che ne avevano 30, e finì col dare all'anno una durata complessiva di 355 giorni. E fu così che i nostri antenati, a forza di perdere dieci giorni l'anno, una bella mattina si accorsero che era pieno agosto e che faceva già freddo. A quel punto Giulio Cesare convocò un astronomo alessandrino di nome Sosigene, e gli disse: "Sosi', vedi tu che si può fare". Sosigene, una volta definito l'anno in corso come "*ultimus annus confusionis*", fissò una volta per tutte l'anno civile in 365 giorni, per poi ribattezzarlo: Calendario Giuliano.

Il problema, però, non era ancora risolto, eh già perché la durata "esatta" di un anno solare non è di 365 giorni ma di 365,242 e fu proprio quel maledetto virgola 242 a renderci la vita difficile. Per recuperarlo, infatti, ogni quattro anni fummo costretti ad aggiungere un giorno, dando così origine all'anno bisestile. A metterci una pezza ci pensò papa Gregorio XIII che convocò una commissione di esperti formata da due matematici e un medico: per la precisione da Cristoforo Clavio, da Padre Ignazio e da Luigi Lilio. Costoro dettero origine al cosiddetto Calendario Gregoriano, quello che usiamo ancora oggi. Per correggere gli errori commessi in passato si pensò bene di saltare a piè pari dieci giorni, e fu così che i nostri avi, nel 1582, passarono direttamente dal 4 al 15 ottobre. Restavano ancora 11 minuti e 45 secondi da smaltire. Niente paura, disse Luigi Lilio, stabiliamo che da oggi in poi gli anni che finiscono con un doppio zero non siano bisestili, a meno che non siano anche divisibili per 400, come per l'appunto capiterà al 2000. Insomma, un'enorme confusione.

Per fortuna, però, che nessuno ci ha vietato finora di stampare il calendario con le foto nude di Sabrina Ferilli.

Amor di *brevitas*

Sono fuori moda: amo il latino e odio l'inglese. Per me, il latino non è una lingua morta ma una lingua immortale. I nostri figli, invece, non so perché, non riescono a finire una frase se non c'infilano dentro almeno un paio di vocaboli inglesi, o per meglio dire americani. Sarà colpa della globalizzazione, di Internet o delle canzoni di successo, certo è che nel 2000 se non parli inglese sei *out*, cioè volevo dire "sei fuori".

Un giorno una ragazza mi ha addirittura chiesto come si diceva "occhei" in inglese, e io le ho risposto che si diceva "okay" proprio come in italiano. Bei tempi quelli di duemila anni fa, quando per ottenere rispetto bisognava essere come prima cosa *civis romanus*! Ma perché mi piace tanto il latino? Perché è sintetico. Perché va diritto al cuore del problema. Detto in altre parole, adoro la *brevitas*.

Prendiamo Tacito per esempio, lì dove dice "*Germani fingunt et credunt*". Tre parole per esprimere un concetto che in italiano ha bisogno di almeno otto parole. Una frase come "I tedeschi prima si inventano le cose e poi finiscono col credere che siano vere", lui la riassume dicendo: "*fingunt et credunt*". Eccezionale!

Se vi capita tra le mani un libro di Tacito con la traduzione a lato, fatemi un piacere: misurate la lunghezza della parte latina e subito dopo quella italiana. Nel peggiore dei casi troverete che la pagina latina è il settanta per cento di quella italiana.

Altre frasi latine che mi sono rimaste nell'anima: "*amoto ludo quaeramus seria*", ovvero "finiamola di scherzare e cominciamo col parlare di cose serie"; oppure "*asinus asino et sus sui pulcher*", che vuole dire "l'asino sembra bello all'asino e il porco al porco". E potrei continuare così per altre dieci pagine citando "*Cicero pro domo sua*", "*ipse dixit*", "*melius abundare quam deficere*" e "*mutatis mutandis*" che non è un invito a cambiarsi le mutande, ma semplicemente un'esortazione a modificare quelle cose che per il bene di tutti andrebbero cambiate quanto prima possibile.

Partire è un'idiozia

Io a Roma sto in grazia di Dio, perché dovrei andare in vacanza? Mi sono comprato un appartamento nello stesso palazzo dove vivo in inverno, a due passi dai Fori Imperiali, così d'estate non faccio altro che trasferirmi due piani sopra, con tanto di aria condizionata. Quando facevo l'ingegnere all'IBM, e non ero ancora il Luciano De Crescenzo di oggi, non scrivevo libri né dirigevo film, allora sì che partivo. Ero un patito del mare. Nessuno lo sa, ma io ho un passato da criminale: avevo un motoscafo e me ne andavo in su e in giù per la costiera amalfitana, seminando rumore e panico. Attualmente invece mi definisco *un pentito del mare*.

Adesso infatti tutto è diverso, non metterei un piede al mare neanche sotto minaccia. Tempo fa, per ragioni di lavoro (una *marchetta*: partecipare a una trasmissione in cambio di soldi) sono dovuto andare ad Amalfi. Dimenticavo che nel momento in cui si decide di mettere il naso fuori di casa si entra irrimediabilmente in competizione con un altro milione di persone che hanno avuto la stessa idea. Così mi sono trovato sulla tortuosa strada che conduce a Positano in una fila ininterrotta di macchine e qualche decina di pullman, che ormai sono specie di case viaggianti. A ogni curva si fermava il pullman e dalla parte opposta si fermava la macchina. Andava avanti l'uno, poi andava avanti l'altra. Un vero e proprio valzer. Tutto questo sotto il sole cocente. Insomma, da Positano ad Amalfi, ho impiegato più di un'ora.

Partire è un'idiozia: d'estate fa caldo e la gente corre al sole, d'inverno fa freddo e vanno sulla neve. È un controsenso. Partire a settembre? Non se ne parla nemmeno: in quel periodo c'è il Festival di Venezia, a ottobre c'è la Fiera di Francoforte e vado a vedere come sono andati i miei libri. Prima ero in errore, adesso, ribadisco, sono un *pentito del mare*.

La mia giornata tipo nella residenza estiva cittadina? Innanzitutto: non c'è telefono, né televisione, né citofono. C'è invece l'aria condizionata. Allora: mi sveglio alle 5.30 del mattino con il caffellatte, una spremuta d'arancia e due fette biscottate portate a letto dalla filippina. Alle sei sono già all'edicola in via Cavour, scambio due chiacchiere prima con l'edicolante, poi con gli operatori ecologici, che sono sempre gli stessi tutte le mattine. I discorsi? La Roma, il Napoli e la Lazio. In questo mio pellegrinaggio mattutino ho scoperto che la gente, tra le sei e le sette, è più cordiale, perché l'arrivo del giorno è sempre motivo di ottimismo. "Il sole è giovane ogni giorno" diceva Epicuro. Alle sette mi prendo un altro caffè al bar, poi o me ne torno a casa a leggere i giornali oppure con la *carta d'argento* (io sono anziano, non pago) vado ai Fori. Lì almeno non c'è nessuno che mi chiede gli autografi e posso leggere in pace. I tedeschi ancora non mi riconoscono.

Ogni mattina leggo quattro quotidiani, poi vado in ufficio. Anche senza l'ispirazione? Sì, e quando non ho idee m'immergo per qualche secondo nella vasca da bagno e spengo la luce. Posso definirmi *lo scrittore più pulito del mondo*. La sera esco con gli amici. Come tutti i single, dò molta importanza all'amicizia, seguo tutti gli amici con *devozione*.

Se poi mi viene voglia di fare il turista, Roma offre mille

opportunità. Consiglio un itinerario (anche perché nelle chiese si sta freschi): Sant'Andrea della Valle, Sant'Ivo alla Sapienza (c'è un cortile che lascia senza fiato per quanto è bello) e poi la chiesa in fondo a corso Rinascimento (non mi sovviene il nome) dove c'è il quadro del Caravaggio, *La Madonna dei pellegrini*. Il quadro fu commissionato da un nobile che poi lo rifiutò perché *il pellegrino* dipinto dall'artista aveva i piedi sporchi.

Insomma, devo fare un accorato appello a chi si sta imbarcando per le Maldive: che cazzo andate a fare lì, le isole sono tutte uguali, piene di sabbia, una striscia lunga cinquecento metri, e poi decine di palme... Dicevo che cazzo ci andate a fare, se prima non avete visto la *Madonna dei pellegrini* o il *Mosè* di Michelangelo? Roma è la città più bella del mondo, è piena di cose da vedere. Infine ecco la mia proposta: istituire presso tutti gli aeroporti una commissione d'esame. L'esaminatore domanderà: "Lei ha visto Roma? No, e allora torni indietro, non parta".

Il mio incubo

Ho da raccontarvi un sogno, anzi, un incubo.

Non sono più uno scrittore, un regista, un personaggio pubblico... sono di nuovo un ingegnere della IBM, non ho la barba, è mattina e mi sono appena svegliato. Guardo l'orologio sul comodino e mi accorgo che sono le 8.15: è tardissimo, ho una riunione di filiale alle 9 e debbo ancora lavarmi, radermi, far colazione, vestirmi, prendere l'auto e arrivare fino in via Orazio.

Entro in ufficio alle 9.25. Calcolo che quei maledetti avranno cominciato da almeno quindici minuti. Lancio il soprabito su una poltroncina dell'ingresso distante tre metri e mi precipito verso la sala riunioni. La signorina Aurilia, la mia fedele segretaria, m'insegue premurosa lungo il corridoio per avvisarmi che lei, di sua iniziativa, aveva già comunicato all'ingegner Mariani che io, quella mattina, avevo avuto qualche linea di febbre.

Lui è in piedi, accanto a una lavagna luminosa, e sta presentando la nuova campagna vendite DCS: a vederlo così indifferente, pacato, sembrerebbe che non si sia nemmeno accorto del mio ritardo; io, invece, che lo conosco da sempre, so che è incavolato nero e che sta già pensando a cosa dovrà dirmi quando saremo a quattr'occhi nel suo ufficio. Per un attimo, infatti, un impercettibile attimo, ha rallentato il suo *speech* e ha coperto la pausa con un colpo di tosse.

Mi seggo accanto a Peppe Imperiali.

«La campagna di fine anno promuove le vendite DCS sul territorio» dice nel frattempo Mariani. «Ogni *salesman* avrà un impegno proporzionale alla sua quota *hardware*...»

Cerco di seguire ma non riesco a concentrarmi più di tanto: ho ancora negli occhi un bellissimo sogno che ho appena dovuto interrompere per correre in ufficio...

«Sai che cosa ho sognato stanotte?» bisbiglio a Peppe Imperiali.

«Dopo, dopo, adesso fammi sentire» risponde lui e mi zittisce.

Avevo sognato tutto quello che mi sarebbe accaduto nei successivi dieci anni: il successo editoriale di *Così parlò Bellavista*, le esperienze televisive, le regie dei film e via dicendo. Appena l'ingegner Mariani esce dalla sala riunioni, prendo il suo posto e racconto ogni cosa ai colleghi.

«Per strada venivo riconosciuto dai passanti... mi chiedevano l'autografo.»

«E tu glielo davi?» mi chiede Imperiali.

«Certo che glielo davo: ero diventato molto popolare anche grazie alla televisione.»

«Secondo me, questo è un sogno che non sta in piedi» obietta Giovanni Morini. «Come potevi diventare popolare in Italia con un libro che parla solo di Napoli?»

«In Italia?» ribatto io. «Vuoi dire nel mondo: eh già, perché io, caro Morini, nel sogno, ero ai primi posti nelle classifiche dei bestseller tedeschi e poi vendevo libri in Spagna, in Svezia, negli Stati Uniti, in Australia, in Giappone...»

«Sì, adesso vendevi pure in Giappone!» esclama lui sghignazzando. «Te li immagini tu i giapponesi che si leggono le avventure del professor Bellavista!»

«Proprio così: vendevo pure in Giappone. Nel sogno ero stato tradotto in quindici lingue e pubblicato in trentacinque Paesi.»

«E il premio Nobel te l'avevano dato?» mi chiede lui ridendo.

«No, ma non è detta l'ultima parola» rispondo io serafico, e poi preciso: «Anche perché il mio è un sogno ricorrente, non finisce mai. Chi ti dice che, in una delle prossime notti, nel sogno, non alzi il tiro delle mie ambizioni? Tanto a me che mi costa: io non faccio a tempo a chiudere gli occhi che già comincio a sognare...»

«Hai fatto pure il regista?»

«Sì e sono diventato amico intimo di molte attrici bellissime!»

«All'anima della palla!» esclama Peppe Imperiali. «Adesso le attrici diventavano intime con te!»

«Proprio così: intime, intime... Io, per discrezione, in questo momento non voglio far nomi, però...»

«Sai a Napoli come si dice?» m'interrompe Carlo Mazzocca.

«...»

«"*'A vecchia chello ca vo', chello se sonna.*" La vecchia si sogna tutto quello che desidera, e tu così hai fatto.»

«Hai conosciuto pure Fellini?» mi chiede Morini.

«Certo che l'ho conosciuto.»

«E lui ti salutava?»

«E perché non mi doveva salutare? Anzi, sai che ti dico: secondo me, mi voleva pure bene. È stato lui a dire ai tedeschi: "Pubblicate la *Filosofia greca* di De Crescenzo".»

«Ma perché, nel sogno, hai pubblicato pure libri di filosofia?»

«Più di uno a dire il vero.»

«E tu che ne capisci di filosofia?»

Ebbene, dovete credermi: il mio incubo è un sogno così reale, ma così reale, che sul serio non riesco più a capire quand'è che sto sognando e quand'è che invece sono sveglio: scrittore, ingegnere, scrittore, ingegnere, scrittore, ingegnere, una volta sono l'uno, una volta sono l'altro...

Un ricordo su tutti, la fame

Un ricordo domina su tutti gli altri dei miei sedici anni: la fame. Una fame che mi portava a sragionare, che mi fece trovare commestibili le "pizzette d'intonaco", preparate squagliando la colla che stava dietro la carta da parati, e ritenere perfettamente ragionevole il commento di mio zio Luigi che disse: "Senza pomodoro non si può giudicare". Da Napoli, resa molto pericolosa dai bombardamenti, eravamo sfollati a Cassino; da qui, pochi giorni prima dell'attacco finale, i tedeschi ci trasferirono in un campo di raccolta a Ferentino. Non erano particolarmente cattivi, i tedeschi. O per meglio dire: le SS erano proprio fetenti, i soldati erano normali, come tutti gli esseri umani, e quando noi ragazzini ci stringevamo intorno a loro chiedendo "*essen, essen*" ci davano un po' del loro pane. A Ferentino si mangiava una sola volta al giorno: minestra servita in un pentolone con un solo cucchiaio per tutti. Naturalmente non bastava, così nelle lunghe notti che cominciavano alle sette si parlava di cibo, con mio padre e mio zio che litigavano sulla vera ricetta del sugo alla genovese. Mangiavamo parole.

La storia dell'uomo? Nasce con la pizza

Mi sono sempre chiesto in che anno è nata la storia, o, per meglio dire, in che secolo siamo passati dalla preistoria alla storia. Ebbene, a mio avviso, tutto è cominciato con la pizza. Nella preistoria l'uomo girava per le foreste sempre in cerca di cibo, e quando si accorgeva che non c'era più nemmeno un animale da uccidere cambiava foresta. Tutto questo finché non scoprì che seminando il grano in un posto, dopo un certo tempo, in quello stesso posto, venivano fuori delle piante che gli permettevano di mangiare. Che cosa? La pizza o qualcosa del genere.

Ciò premesso, da quel giorno l'uomo finisce con l'essere un nomade e diventa uno stanziale. Dopodiché, in questa sua nuova condizione, costruisce i primi villaggi, le prime amicizie e le prime tombe. E con le tombe anche i primi esempi di arte funeraria. La storia, però, intesa come cultura e come progresso civile, ha un altro inizio: nasce in Grecia e nel Sud dell'Italia, ovvero nella Magna Grecia, intorno al V secolo avanti Cristo. Capitò che in una bellissima giornata di sole gli antichi greci pensarono bene di scendere in piazza per potersela godere. Giunti, però, al centro dell'*agorà*, si misero a parlare tra loro e così facendo dettero luogo alla cosiddetta "risonanza creativa", a un fenomeno, cioè, grazie al quale le idee di un creativo, rimbalzando sulla testa di un altro creativo e tornando indietro amplificate, fanno diventare i due creativi molto più creativi di quando si erano incontrati. La "risonanza" spiega anche il perché i vari Socrate, Aristofane, Protagora, Platone siano nati tutti a pochi metri di distanza gli uni dagli altri.

Agorazein, in greco, vuol dire "scendere in piazza", e *agorazonta*, sempre in greco, vuol dire camminare, non in linea retta, ma un po' di qua e un po' di là, in modo da poter incontrare quante più persone creative sia possibile. A questo punto, una volta stabilito quando nasce la storia, domandiamoci anche quando finisce. Dire che la storia non finisce è inesatto. Quella che stiamo vivendo oggi, per esempio, comprese le guerre in Iraq e in Afghanistan, non è storia, è attualità. Nei libri di scuola, per il momento, non c'è ed è giusto che non ci sia. Come tempo di rispetto tra l'attualità e la storia, io proporrei il mezzo secolo. Tanto per fare degli esempi, il fascismo, il nazismo e il comunismo non sono più attualità, sono storia, laddove il terrorismo non lo è ancora. Auguriamoci che il tempo passi quanto più in fretta possibile e che anche il terrorismo lo si possa leggere sui libri di storia come un fenomeno che è avvenuto una volta e che poi non è capitato più.

Faccio il terrorista, dunque sono

I terroristi ci sono sempre stati da che mondo è mondo. Ovviamente non usavano le bombe, i missili o altra roba del genere, dal momento che non erano stati ancora inventati, però con il fuoco si sono sempre dati da fare.

Nel IV secolo a.C. un vecchietto di nome Erostrato, in crisi d'identità, incendiò il tempio di Artemide solo per dimostrare, a se stesso e agli altri, che era ancora vivo.

Il suo ragionamento fu pressappoco questo: "Sono arrivato a ottant'anni senza aver fatto nulla d'importante. Non sono l'autore di un poema immortale, non ho scolpito una statua memorabile, non sono un capo di Stato e nemmeno un generale che ha vinto grandi battaglie. Debbo assolutamente fare qualcosa per entrare nella Storia".

Detto fatto, pensò bene d'incendiare il più bel tempio della città, quello di Artemide. Poi, non potendo rivendicare il gesto per telefono, si piazzò davanti alle fiamme e si mise a gridare a squarciagola: "Popolo di Efeso, guardami bene in faccia: io sono Erostrato, quello che ha incendiato il tempio di Artemide!".

Gli efesii giustamente lo misero in galera (non in manicomio) e lo condannarono a non essere mai più nominato. E non basta: condannarono alla medesima pena anche tutti coloro che ne avessero pronunziato il nome, o comunque raccontato il gesto.

Ora io non sono un esperto di psicanalisi, credo però che la dimostrazione della propria esistenza sia un bisogno irrinunciabile dell'animo umano. C'è chi ci riesce con il lavoro, chi con l'arte e chi purtroppo con il crimine. Se poi si pensa alla potenza amplificativa della televisione e dei giornali, ci si rende subito conto del perché questi attentati avvengono sempre in concomitanza dei grandi eventi.

Ciò detto, mi chiedo: vuoi vedere che il silenzio stampa sia l'unico modo per combattere il terrorismo? Se non ci fossero state le Olimpiadi o altre grandi manifestazioni, infatti, sono sicuro che non ci sarebbero stati nemmeno gli attentati. Il minuto di silenzio, la bandiera a mezz'asta, le foto con i morti e i feriti, sono tutte iniziative che hanno fatto il gioco dei terroristi. In altre parole, visto con l'occhio di chi ha bisogno di comunicare qualcosa al mondo, una ribalta come le Olimpiadi è un'occasione troppo appetibile per farsela scappare.

E allora che fare? È presto detto: prendere esempio dalle autorità di Efeso e imporre il silenzio stampa a tutti i mass media del mondo, pena essere accusati di complicità con gli attentatori.

Basterebbe un accordo a livello internazionale, tipo ONU, e il problema è risolto. Esempio: scoppia una bomba sulle tribune durante la gara dei 100 metri? Il commentatore non batte ciglio, fa interrompere le riprese e manda in onda la pubblicità.

Un software per Smorfia

L'argomento Totocalcio mi riporta indietro nel tempo. Lo spoglio delle schedine è stato il primo lavoro, regolarmente retribuito, che ho svolto nella vita. A quell'epoca, 1947, ero ancora un giovane studente del liceo Jacopo Sannazaro. Come tutti i ragazzi della mia età, non avevo mai una lira in tasca, ma ero un maestro nell'arte di arrangiarmi. A casa, i miei genitori affrontavano problemi di autentica sopravvivenza giornaliera e non c'era alcuna speranza che potessero passarmi qualche spicciolo.

Un giorno qualcuno mi disse che una società, una certa Sisal, reclutava ragazzi disposti a trascorrere l'intera notte della domenica a controllare i risultati di un concorso pronostici. Mi presentai subito. Entrai in un cortile di via Luigia Sanfelice al Vomero e qui vidi un centinaio di ragazzi in attesa di essere convocati. Dopo una mezz'ora comparve un omone barbuto, che cominciò a convocare i prescelti. Qualcuno veniva chiamato per nome, altri per qualche loro caratteristica: "Gianni Capozzi... Mimì Della Gala... quello con gli occhiali... quello con il pullover celeste... tu no... tu sì... quello con i capelli a spazzola...".

La prima volta non fui preso, poi, grazie a una raccomandazione di un anziano, venni inserito in una squadra di lavoro. Il problema era riuscire a controllare tutte le mazzette assegnate entro le sei del mattino e, nel contempo, non ricevere reclami da eventuali vincitori. Anche un solo sbaglio e tutta la squadra ne avrebbe pagato le conseguenze. Con noi c'era sempre un mio compagno di banco, Eddy Criscuolo. Eddy era lentissimo e, per colpa sua, ogni domenica la nostra squadra correva il rischio di non essere più convocata. «Ma tu guarda questo cretino» diceva Eddy, soffermandosi a guardare una schedina. «Non ha fatto 11 solo perché ha voluto mettere 2 a Juventus-Atalanta! È inutile: la gente più tiene i soldi e più non se li sa spendere!» E noi tutti a maledirlo, a dirgli di far presto, a minacciarlo che quella era l'ultima volta che ce lo portavamo appresso. Poi, quando mancava mezz'ora alla chiusura, finivamo col dividerci il suo arretrato e tutto andava a posto.

Dopo un anno come scrutatore divenni quasi un impiegato della Sisal: prendevo servizio il sabato alle 14 e curavo la riscossione degli incassi delle ricevitorie; poi arrivava il notaio e chiudeva le schedine in cassaforte. La mia squadra s'interessava di tutto, anche dei pagamenti dei premi e dei versamenti in banca. La notte della domenica, pur di guadagnare qualche soldo in più, eravamo tutti allo spoglio: "1 x 2, 1 x 2" e si faceva l'alba.

Un giorno un nostro collega, un certo Gennarino Boccia, fu incaricato di portare dieci milioni al Banco di Napoli: «Fai presto» gli dicemmo «che dopo ci andiamo a mangiare una pizza.» Passò più di un'ora e di Gennarino nemmeno l'ombra. Qualcuno cominciò a fare dello spirito: «Vuoi vedere che Boccia se l'è squagliata con i dieci milioni?». Boccia infatti non si vide più. In seguito qualcuno mi disse di averlo incontrato in Brasile. Alla domanda "Che fai così lontano dall'Italia?" pare che lui abbia risposto: "Niente, ho vinto alla Sisal e adesso sono in viaggio di piacere". In fondo, a pensarci bene, diceva la verità.

Oggi tutte queste cose non sono più possibili: ormai lo spoglio avviene in meno di cinquanta secondi e nessun liceale può risolvere i propri problemi economici lavorando al Totocalcio. Ci auguriamo che quanto prima si voglia meccanizzare anche il Banco Lotto. L'ideale sarebbe un personal computer con Smorfia incorporata che, oltre a effettuare la giocata, fosse in grado anche di dare una mano ai giocatori. Basterebbe che raccontassero i propri sogni utilizzando l'apposita tastiera. "Sognato macchia di sangue in giardino e monaco seduto a tavola che mangia a crepapelle." E la stampante, di rimando: "Giocare 18 51 37 82, quaterna secca per Napoli e per tutte le ruote".

Liscia, Gassata o Ferrarelle

Avevano tutte e tre la stessa età, ventun anni, ed erano state soprannominate *Liscia, Gassata* o *Ferrarelle.* Frequentavano il secondo anno di Lettere e quell'estate erano andate in Grecia, in uno dei tanti Club Vacanze, insieme a Giorgio, il fidanzato di Liscia.

Liscia, malgrado fosse fidanzata da più di quattro anni, era ancora vergine. Diceva: "Voglio farlo la prima notte di nozze, come ha fatto mia madre e come prima di lei lo ha fatto mia nonna". Giorgio, poverino, non ne poteva più: si consumava dal desiderio. Non c'era volta che uscivano insieme e che non litigavano di brutto. Lei, tra l'altro, era anche quella che si dice una strafica: aveva un seno prorompente e due labbra sensuali che ispiravano solo cattivi pensieri.

Gassata era l'esatto opposto di Liscia. Per lei la vita doveva essere vissuta giorno per giorno al massimo, come capitava capitava e senza troppi tentennamenti. E da brava studentessa di Lettere aggiungeva: "*Carpe diem, quam minimum credula postero.* La gioventù dura pochissimo e io non ne voglio perdere nemmeno una briciola. Se trovo un maschio che mi piace, me lo prendo, lo consumo e lo getto via". In una sola settimana aveva già avuto tre storie, di cui una con un marinaio di Corinto.

Ferrarelle, a paragone delle amiche, poteva essere definita "quella normale". Né troppo ostile verso il sesso né troppo disponibile. Si comportava ora in un modo, ora in un altro, a seconda del partner che le capitava. Se era di suo gradimento, si lasciava andare, altrimenti lo liquidava senza starci troppo a pensare. Era l'intellettuale del gruppo. Leggeva e amava la filosofia.

Al Club Vacanze il primo a farsi avanti con Ferrarelle fu Walter, l'istruttore di sci nautico. Era un giovanottone alto, forte, abbronzato, con i capelli lunghi sul collo e un fisico da macho. Come compagno per la vita, però, non era il tipo che potesse piacere a Ferrarelle: a lei il bel ragazzo tutto muscoli non diceva assolutamente nulla. Avrebbe preferito uno meno fusto, magari con gli occhiali, che però le avesse saputo parlare dell'Essere, di Nietzsche e degli Dei della Grecia. E sempre a proposito di Dei, c'era nel villaggio un anziano professore di Lettere che, una sera sì e una sera no, raccontava al centro del villaggio la mitologia greca.

«Domani» disse una sera a tavola «andremo tutti all'Oracolo di Delfi. Ebbene, ragazzi miei, non potete immaginare quali emozioni si provano a entrare nell'*adyton*, nella stanza dove la Pizia prediva il futuro!»

«Ma c'indovinava mai?» chiese Ferrarelle. «O andavano anche loro per tentativi, come facciamo noi con i tarocchi?»

«Innanzitutto alla Pizia era proibito essere circostanziata: era obbligata alla più totale vaghezza. L'Oracolo, questo lo sanno tutti, non dice ma accenna.»

«E domani, quando andremo a Delfi, ci sarà qualcuno che potrà predirci il futuro?»

«Possiamo provarci da soli» rispose il professore, «basta gettare un sasso nel sacro crepaccio e contare il numero dei rimbalzi: se è dispari è buono, se è pari va male.»

Il villaggio era costituito da una cinquantina di bungalow tutti allineati, posti a un centinaio di metri dalla spiaggia. Dietro il villaggio si stendeva una vasta boscaglia con alle spalle il Parnaso, il monte sacro alle Muse.

Quella sera Giorgio aveva convinto Liscia a seguirlo per un bel tratto nel fitto del bosco. In pratica si era allontanato quel tanto che bastava per proporle, per l'ennesima volta, di fare l'amore. Nel suo bungalow non avrebbe potuto, anche perché vi dormivano due suoi colleghi di università. E da Liscia neanche a parlarne: c'erano Ferrarelle e Gassata che entravano e uscivano a qualsiasi ora della notte. Come sempre, non riuscì a convincerla: baci, sì, quanti ne voleva, oltre questi, però, tutto diventava *off limits*. Esasperato, la lasciò tornare da sola all'accampamento, e dopo qualche minuto, per non starci più a pensare, fece tutto da solo. E dire che il professore proprio quella sera lo aveva messo in guardia.

«Vede, ragazzo mio» gli aveva detto, «con la sua fidanzatina lei perde tempo. Quella lì, lo si vede anche da lontano, è una copia di Artemide.»

«E che vuol dire?» aveva chiesto Giorgio.

«Che ama lo sport, ma odia i maschi.»

«E Gassata e Ferrarelle cosa sono?»

«Sono rispettivamente le reincarnazioni di Afrodite e di Atena. La prima distribuisce sesso anche a chi non lo vuole. La seconda antepone il cervello a qualsiasi altra attività.»

La lezione, con ogni probabilità, sarebbe stata utile anche a Walter. Quella sera, infatti, il giovanottone, si era messo in testa di portarsi a letto Ferrarelle. Lui, il bungalow tutto per sé lo aveva, e tanto fece e tanto disse che riuscì a convincerla a fargli una visitina: le avrebbe mostrato, disse, un libro sugli Dei. Quando, però, la ragazza si rese conto che in quella stanza lì non c'era mai stato nessun libro, lo mollò di brutto. Gli disse che era una bestia e che si doveva accoppiare con le bestie come lui. Walter allora la prese in parola e dopo la mezzanotte, si presentò in slip, più Tarzan che mai, nel bungalow delle ragazze.

«Vuoi fare l'amore con me?» chiese a Gassata.

«Perché no?» rispose lei. «Datti da fare!» E gli fece posto nel lettino.

«Sì, però dobbiamo farlo con la luce accesa.»

Evidentemente voleva essere visto da Ferrarelle. A quest'ultima, però, l'esibizione del maestro di sci nautico non fece alcun effetto: si voltò dall'altra parte e dopo un po' prese sonno. Chi, invece, ne restò sconvolta fu Liscia. A ripensarci, era stata troppo severa con Giorgio! Forse quella notte così calda, così profumata, così piena di suggestioni pagane, così "greca", avrebbe potuto essere proprio quella giusta per una prima notte di nozze. A quel punto, un po' per non vedere più quei due, un po' perché si era eccitata, Liscia uscì dal bungalow e andò a chiamare il fidanzato.

«Giorgio» gli disse arrossendo «mi sono decisa: facciamolo.»

Il ragazzo, però, malgrado lo avesse tanto desiderato, non riuscì a combinare un bel niente. Tra l'altro si era appena masturbato. Per una mezzoretta ci provò, poi, avvilito, si arrese.

«Non ti preoccupare» lo consolò Liscia, «la colpa è mia! Comunque prima o poi lo faremo. Abbiamo tutta una vita davanti.»

Anche lei, però, c'era rimasta male. Non era mai stata così eccitata prima di allora. Tutta colpa della Grecia e dei miti raccontati dal professore.

La mattina dopo le tre ragazze erano in pullman dirette a Delfi. Ferrarelle capitò a fianco del professore e ne approfittò per farsi raccontare la storia dell'Oracolo.

«Apollo era un dio terribile: non sapeva cosa fosse il perdono. Quando nacque, avendo saputo che un serpente di nome Pitone aveva appena mancato di rispetto a sua madre Latona, prese l'arco e le frecce e lo trafisse nella sua tana, quella appunto dove noi oggi stiamo andando.»

«A me, ciò che meraviglia» commentò Ferrarelle «è che lei ne parla come se tutti questi fatti fossero avvenuti sul serio. Insomma, se ho ben capito, lei crede davvero agli Dei?»

«Certo che ci credo» rispose serissimo il professore. «Farebbe bene a crederci anche lei. Se vuole, oggi l'accompagno da un vecchio eremita che vive a meno di un chilometro dall'Oracolo, nel fondo di una caverna, e che, se gli diamo un centinaio di dracme, potrà farle conoscere di persona qualcuno degli Dei.»

Fu così che Ferrarelle, poco prima del ritorno, sempre scortata dal professore, andò a trovare un vecchio barbone, coperto dalla testa ai piedi da una tunica stracciata.

«Si copre i piedi» le confidò in un orecchio il professore «perché non li ha umani: come tutti i Satiri, essendo un seguace di Dioniso, ha i piedi di capra.»

Ebbene, il seguace di Dioniso prima le fece masticare un rametto di alloro bruciato, e poi le dette da bere un intruglio dal sapore dolciastro.

«È nettare» precisò il professore.

"Nettare un cavolo!" avrebbe voluto rispondere lei, ma non fece in tempo: crollò al suolo priva di sensi e il professore l'adagiò su un vecchio materasso ancora più sporco della tunica dell'eremita.

Dopo qualche minuto di totale incoscienza, da una fitta nebbia gelatinosa emerse un uomo nudo di eccezionale bellezza.

«Chi sei?» chiese Ferrarelle.

«Sono Eros, il dio dell'Amore. Sei molto bella e meriti un premio.»

«Quale premio?»

«Farò l'amore con te, ma non basta: ti regalerò qualsiasi cosa tu mi chieda, anche il tesoro più grande del mondo. Ti avverto, però, che il mio dono non potrà durare molto a lungo: con la luce del Sole sparirà per sempre.»

Ferrarelle quella sera fece l'amore con Eros e alla fine, mentre si rivestiva, pensò a cosa avrebbe potuto chiedergli. Inutile pensare a gioielli, vestiti, banconote o lingotti d'oro: all'alba si sarebbero tutti volatilizzati. Si decise allora per qualcosa che aveva sempre desiderato: «Vorrei essere un maschio almeno per una notte» sussurrò, ed Eros l'accontentò subito: le mise una mano tra le gambe e dalle sue dita emerse, come d'incanto, un lungo membro maschile.

La ragazza se lo guardò estasiata e da quel momento non osò dire più nulla. Quando tornò nel bungalow, trovò Gassata che dormiva e Liscia che con gli occhi socchiusi si stava toccando. Dalla notte prima la poverina non ci stava più con la testa: aveva un'enorme voglia di fare l'amore e Giorgio era già andato a dormire. Ferrarelle allora le si sdraiò accanto e la baciò sulla bocca. Dopo qualche minuto era su di lei.

La mattina dopo Ferrarelle, come prima cosa, si meravigliò di stare nel suo letto: evidentemente qualcuno l'aveva riportata al villaggio e messa a dormire. Della sera precedente non ricordava più nulla. Come prima cosa si scoprì le gambe e con grande sollievo si rese conto che era tornata normale. Quindi si tastò il basso ventre per accertarsi che non ci fosse null'altro di strano. Gassata se ne accorse e le chiese: «Ti fa male qualcosa?».

«No, niente» rispose lei. «È che ho fatto un sogno incredibile. Poi, magari, dopo te lo racconto.»

Sarà stato pure un sogno, avrebbe voluto dire, ma chissà quanto sarebbe stata contenta lei, Gassata, a fare un sogno come il suo. E se non fosse stato un sogno? E se davvero avesse fatto l'amore, prima con Eros e poi con Liscia? Poi le vennero altri dubbi. Una volta uscita Gassata, Liscia le si sdraiò accanto e le accarezzò dolcemente una mano.

Maccaroni e incomunicabilità

Tre stranieri si siedono all'ultimo tavolo all'aperto della trattoria "Da Carmelina". Anche senza sentirli parlare si capisce subito che sono americani. Due ragazzi e una ragazza. Facce pulite, tutti sul metro e ottanta; praticamente il ritratto della salute.

«Cameriere... cameriere... tre maccaroni.»

Il ragazzo agita per aria un "tre", non come siamo soliti fare noi italiani con il pollice l'indice e il medio, bensì alla maniera americana con le tre dita centrali.

Il cameriere arriva strascicando i piedi. Procede come un automa, né lento né veloce. Ha già con sé i bicchieri, le posate e i tovaglioli di carta. È il classico cameriere avventizio da trattoria economica: basso, magro, faccia scavata all'Eduardo, giacca e camicia troppo larghe per lui, farfallina nera che fa pendant con i baffetti.

«*Tre spaghetti a vongole?*» chiede con voce assente mentre prepara il tavolo.

«Tre maccaroni.»

«Ho capito maccaroni, ma che tipo di maccheroni? Spaghetti?»

«OK, maccaroni-spachetti.»

«A vongole?»

«No, maccaroni-spachetti.»

«Mistèr, io capire maccaroni, ma tu come volere questi macca-

roni? Con vongole? Con pomodoro, con tomato?» chiede ancora il cameriere che, come tutti i napoletani che non conoscono le lingue, crede di farsi capire usando i verbi all'infinito.

«*OK tomato.*»

«*Volere vino, wain?*» chiede il nostro facendo con la mano il gesto di uno che beve.

«*OK vino.*»

«*Vino rosso della casa?*»

«*OK vino.*»

«*Va be', me la vedo io. Adesso però un poco di attenzione, mistèr*» continua il cameriere «*tu guardare bene me...*»

«*What?*»

«*Tu guardare bene me, lucche mi* [look at me], *remember mi! Non pagare altro cameriere, capisc?*»

«*Tre maccaroni.*»

«*E dalle cu' 'e maccarune! Io ho capito maccaroni, tu però ora capire me*» dice spazientito il cameriere. «*Non pagare altro cameriere. Guardare con attenzione faccia mia. Remember mi. Capisc?*»

«*What?*»

«*Qui venire falso cameriere. Mariuolo vestito cameriere. No gud cameriere. Quando tu pagare lui prendere soldi, prendere moni e scappare. Capisc?*»

Credete a me, il "monaciello" è in mezzo a noi

Il mese scorso a Milano c'è stata un'asta di oggetti smarriti. Incredibile a dirsi: sono stati battuti 2500 lotti per un totale di 37.500 oggetti. Ho sempre pensato che i milanesi fossero delle persone attente, scrupolose, del tutto diverse da noi napoletani. E invece no: sono anche loro degli *inzallanuti*.

Pare che fin dal Medioevo esistesse un fantasma che distraeva le sue vittime e le sottoponesse a continui smarrimenti. Detto fantasma era noto come "lo spiritello dispettoso". Frequentava le case dei ricchi e, spesso e volentieri, insidiava anche le donne. Noi a Napoli lo chiamiamo *'o monaciello*.

Piccolo di statura, con una testa enorme e in capo una *scazzetta* rossa, per il solo scopo di divertirsi alle spalle dei mortali, fa cadere dalle mani, o smarrire, gli oggetti più cari. Che so io? Uno ha un caro ricordo del suo primo amore? Una foto d'epoca? Non riesce più a trovarla? Niente paura: è stato lui, *'o monaciello*, che l'ha nascosta. Uno di noi perde quel diario dove da ragazzo ha segnato le frasi più belle che ha letto? Ebbene è stato lui: *'o monaciello*! Per renderlo innocuo si dice che basterebbe togliergli la *scazzetta*, ma a sentire gli esperti pare che non sia facile: lui è trasparente. Magari lo si vede davanti e invece sta dietro le nostre spalle. Per saperne di più si consiglia la lettura di quel saggio di Allocca ed Errico intitolato per l'appunto *'O monaciello*, edito da Pironti.

Ora io, in quanto ingegnere, non posso assolutamente credere nel "monaciello". Resta il fatto, però, che molto spesso, nella mia vita incasinata, mentre faccio una cosa ne sto pensando un'altra, e così finisco col fare una delle due cose in trance, ovvero in una specie di stato di incoscienza durante il quale, senza rendermene conto, infilo in un cassetto un oggetto che da lì a poco cercherò disperatamente. Oppure abbandono in treno (è successo), sul sedile accanto, il mio certificato di laurea, quello per il quale ho tanto sofferto all'Università Federico II. Una volta sono uscito dal mio studio con in mano una copia del "Mattino" e una bottiglia di acqua minerale. L'intenzione era quella di andarmene ai Fori per leggere in santa pace le ultime sulla cronaca di Napoli. Ebbene, che ci crediate o meno, ho messo il "Mattino" nel frigorifero e sono uscito con la bottiglia in mano. *'O monaciello*? Nossignore: solo una capa di... volevo dire una testa che non sempre funziona.

Mi chiedo quando la tecnica scoprirà il tanto sospirato "trovaoggetti", ovvero un nuovo telecomando in grado di localizzare gli oggetti smarriti. Ognuno di questi oggetti avrebbe un numero e, incollato addosso, un minuscolo chip capace di squillare sollecitato dall'apposito telecomando. Assegnando il numero 1 alle chiavi di casa, il 2 agli occhiali, il 3 all'agenda degli appuntamenti, il 4 all'agendina telefonica, il 5 al cellulare e il 6 al libretto degli assegni, mi sentirei abbastanza tranquillo.

Resterebbe fuori solo il telecomando trovaoggetti, perso il quale anch'io sarei perso.

Il filosofo Totò

In materia di comici, ogni popolo tende a sopravvalutare i propri: i tedeschi magnificano Karl Valentin e i triestini Angelo Cecchelin. Questo capita perché il comico presuppone la complicità della platea. Non sono io a dirlo, ma Bergson, nel suo saggio *Il riso*. Se un giorno, in trattoria, vi capitasse di vedere un gruppo di giovani, seduti al tavolo accanto, che si sganascia dal ridere per battute che, onestamente, a voi non fanno nemmeno sorridere, non vi stupite: non stanno ridendo delle battute, ma di un'intera vita trascorsa insieme. Napoli e Milano, tanto per fare un esempio, sono due tavoli vicini ma diversi. Non c'è speranza che Greggio e Teocoli possano divertire i napoletani, così come Marisa Laurito e Riccardo Pazzaglia non ce la faranno mai a farsi apprezzare, al cento per cento, al di sopra della Linea Gotica.

Ma passiamo a Totò: perché è il migliore? Perché è un filosofo. Cominciamo col dire che per me, e sottolineo *per me*, Chaplin, Raffaello e Beethoven sono di serie B, così come Offenbach, Guttuso e Laurence Olivier sono artisti di serie C, e altri ancora (i cui nomi, ovviamente, mi guardo bene dal fare) sono di serie T, U, V o Z. Ma allora, direte voi: chi è di serie A? "Solo il filofoso" rispondo io, e in questo so di avere dalla mia Platone. E chi è il filosofo? Colui che, avendo come riferimento continuo la morte, è in grado di praticare il distacco dal potere. E dal momento che si parla di distacco, va detto anche che Bergson lo considera il secondo componente indispensabile della risata (detto più terra terra, se racconto una storiella sui cornuti, diverto tutti, a eccezione di quelli che, in quel momento, hanno qualche problema in famiglia).

Ebbene, Totò aveva entrambi questi requisiti: il riferimento con la morte e il distacco dal potere. Sia la poesia *'A livella* sia il suo grido di guerra "Siamo uomini o caporali?" stanno a dimostrare quanto ho detto prima: che era un filosofo prima ancora di essere un comico. E proprio il fatto che non curava la regia dei suoi film ci fa capire che se ne fregava di apparire un maestro del cinema. Si preoccupava sì e no dei cognomi dei personaggi con i quali doveva recitare: se si chiamavano Trombetta e La Quaglia era felice, se si chiamavano Rossi o Bianchi lo era un po' meno, perché non poteva ricamarci sopra. Ho ancora con me una copia della sceneggiatura di uno dei tanti film di Totò. A pagina 82 si legge: "Scena 46, interno notte, Totò e Peppino entrano in campo e consumano la scena tra frizzi e lazzi". E poi? E poi nient'altro.

E dire che se nascevo in America non avrei mai conosciuto Totò. Pensate che disgrazia!

Quando in Paradiso Lady D incontrò il re dei paparazzi

Siamo in Paradiso. Alcune musiche celesti accompagnano le anime che passeggiano tra prati in fiore. Un omino sui settanta si aggira per i viali: va un po' a destra e un po' a sinistra. Si ferma e si guarda intorno: evidentemente si è perso. Poi, all'improvviso, lo vediamo avvicinare una signora dall'aria sofisticata. Le chiede qualcosa.

«Mi scusi» dice l'omino «sa dove potrei trovare Federico Fellini?»

«Quale Fellini? Il regista?» risponde la signora. «Non sta qui. Lo deve cercare nella zona spettacolo. Questa è la zona riservata ai nobili e alle famiglie reali. Qui, se lo desidera, può solo incontrare uno dei Luigi di Francia o magari qualcuno dei Savoia. Mi sbaglio o lei è italiano?»

«Mio Dio!» esclama l'omino «... ma lei... lei non è per caso... Lady Diana?»

«Sì, sono io. Perché me lo chiede?»

«Gesù, Gesù, ma tu guarda che mi va a capitare! Incontro Lady Diana e non ho con me la macchina fotografica!»

«Grazie a Dio che non ce l'ha!» risponde, più acida che mai, la signora sofisticata. «Io sono morta per non farmi fotografare. Qui poi, in Paradiso, le macchine fotografiche sono assolutamente proibite. Mi dicono che solo all'Inferno se ne trova ancora qualcuna, ma lì è normale. Non a caso, quando uno di noi viene fotografato, come prima cosa manda il fotografo all'Inferno.»

«Sì, però non tutti ci vanno» replica l'omino. «Io, per esempio, sono un fotografo, anzi il più famoso di tutti i fotografi, e come vede sto in Paradiso. Anzi, se permette, mi presento: sono Tazio Secchiaroli, il fotografo che Federico Fellini immortalò col nome di Paparazzo nella *Dolce vita*.»

«Mi perdoni la sincerità» ribatte Lady Diana «ma io odio i fotografi.»

Alla parola "odio" un tuono potentissimo interrompe per un attimo le musiche celesti, e Lady D subito si corregge.

«Volevo dire che non amo i fotografi» precisa la nobildonna, per poi chiarire a Secchiaroli come ci si comporta in Paradiso. «Qui il verbo "odiare" è severamente proibito. Se un'anima sbadatamente lo pronuncia, subito viene redarguita.»

«Mi rendo conto» obietta il buon Tazio «ma veda, Altezza Reale: ci sono fotografi e fotografi. Ci sono quelli che lo fanno per mestiere, e quelli come me che considerano la fotografia un'arte come la pittura o la scultura.»

«Ma di quale arte vai parlando?!» urla un'altra anima che passando era rimasta a sentire. «Di un'arte che ha come scopo principale quello di rompere le scatole [altro tuono] al prossimo? Altezza Reale, se permette, io mi chiamo Walter Chiari, e so io quello che ho passato con questo signore qui quand'ero vivo. All'epoca ero fidanzato con Ava Gardner e lui mi seguiva passo passo, come un'ombra. Una volta l'ho preso anche a botte.»

«Ma dài!» lo interrompe un'altra anima di passaggio. «A te faceva piacere essere fotografato con Ava Gardner. D'altra parte avevi tutto da guadagnare e niente da perdere a far sapere a tutto il mondo che stavi con una bellona come quella lì [terzo tuono]. Anzi, se proprio vuoi sapere come la penso, ancora oggi non capisco come ti abbiano fatto entrare in Paradiso.»

«Ma come si permette!» replica sdegnato Walter Chiari.

«E poi mi scusi: lei chi è? Chi l'ha chiamato? Si presenti, almeno, prima d'interrompere le anime che non conosce.»

«Chi sono io non ha alcuna importanza» risponde l'ultimo arrivato. «Sono un italiano che è convinto che a voi personaggi dello spettacolo sia sempre piaciuto farvi fotografare. Lei, piuttosto, Altezza Reale, mi dica sinceramente: ma se quel giorno che è morta si fosse fatta fotografare normalmente, senza fare tante storie, che cosa sarebbe cambiato nella sua vita? Tanto con quel Dodi lì l'avevano già fotografata molte altre volte. Oggi, insomma, sarebbe ancora viva! E invece mi risulta che abbia detto all'autista: "Scappa a più non posso che ci sono i fotografi!".»

«Evidentemente» interviene Walter Chiari, «il signore che non ho il piacere di conoscere non sa come stanno le cose. Se io, all'epoca della *Dolce vita*, andavo a cena con Ava in un ristorante romano, il cameriere subito chiamava il paparazzo...»

«Chiamava me?» obietta Secchiaroli. «Scusami Walter, ma a me non mi ha mai chiamato nessuno. Ero io a scovarti perché conoscevo a menadito tutti i posti che frequentavi.»

«Non dicevo te in particolare» precisa Walter Chiari. «Stavo parlando dei paparazzi in genere. Insomma il cameriere telefonava a un fotografo e questo si faceva trovare all'uscita per poi poterci fotografare. Alla fine, per ogni foto pubblicata, il cameriere beccava mille lire e Ava aveva una crisi di nervi.»

A questo punto tocca a me, Luciano De Crescenzo, intervenire a sostegno del povero Walter. Le cose, infatti, stanno proprio come le racconta lui: oggi come allora. Se io questa sera vado a cena in un ristorante alla moda in compagnia di un'amica, il minimo che mi possa capitare è che il cameriere chiami un paparazzo sul telefonino. Le uniche differenze con i tempi di Walter sono il telefonino, che rende più tempestivo l'agguato, e il compenso del cameriere che non è più di mille lire ma di cinquanta euro. Qualcuno allora potrebbe consigliarmi di non frequentare più le giovani attrici, ma la situazione, credetemi, non cambierebbe di molto. Supponiamo, infatti, che io vada a cena con un uomo, magari con un manager della Mondadori. Ebbene, cosa farebbe il cameriere? Telefonerebbe lo stesso al paparazzo e questi si porterebbe dietro l'assistente. Conosco una bella ragazza di nome Samantha, di anni ventuno, che fa di mestiere l'assistente di un paparazzo. Ed ecco come si svolgerebbero i fatti.

Il paparazzo e Samantha si appostano all'uscita del ristorante. Io e il manager della Mondadori usciamo e contemporaneamente Samantha mi si butta addosso esclamando: "O Lucianino mio come stai?" per poi stamparmi sulla guancia un bacione alla Monica Lewinsky. A distanza di qualche giorno la medesima cosa capita a Renzo Arbore, dopodiché, su uno dei tanti settimanali italiani specializzati in gossip, esce un ampio servizio fotografico a doppia pagina: a sinistra c'è Samantha che abbraccia Luciano, a destra c'è ancora Samantha che abbraccia Renzo Arbore, e al centro sempre Samantha fotografata nuda nello studio del fotografo. Infine, su doppia pagina, a caratteri cubitali, il titolo: "Samantha lascia Luciano per Renzo". I camerieri dei due ristoranti hanno preso un cinquanta euro a testa. Samantha due pezzi da cento, il paparazzo un duemila euro, e io e Arbore abbiamo fatto la figura dei dongiovanni da strapazzo.

Di chi è la colpa? Dei camerieri, di Samantha, dei paparazzi o di quelli che leggono i settimanali specializzati in pettegolezzi? Io penso di questi ultimi. Tutti sostengono di non comprarli e di averli letti dal parrucchiere. Tenuto conto, però, delle tirature dei settimanali specializzati in gossip, mi chiedo: "Ma quanti milioni di parrucchieri esistono in Italia?!". In conclusione, miei cari lettori, se proprio vi diverte questo tipo di notizie, leggetele pure, però, poi, non vi lamentate se finite tutti all'Inferno.

Sulle note dei numeri
(Renato Caccioppoli)

Chi era Renato Caccioppoli? Era un Byron, un Oscar Wilde, un dandy, un personaggio uscito dai *Demoni* di Dostoevskij, un D'Annunzio con in più il dono dell'humour, o forse semplicemente un seduttore. Certo è che, almeno per quanto mi riguarda, riuscì a conquistarmi al primo sguardo. Avevo diciassette anni e stavo ancora in terza liceo. Un giorno, un amico, già universitario, mi propose di accompagnarlo in via Mezzocannone. «Oggi c'è Caccioppoli, vedrai che ti piacerà.» E difatti così accadde: rimasi folgorato. Quello stesso giorno decisi che non mi sarei più iscritto a Lettere e Filosofia, bensì a Ingegneria. Lui, il matematico ammaliatore, mi aveva inculcato il bisogno irreprimibile di vederlo ogni giorno, e ancora oggi, quando voglio vantarmi di qualcosa, dico: «Ho fatto Analisi e Calcolo con Caccioppoli!».

Poteva non aver dormito, essersi sporcato durante i suoi giri notturni per la Napoli dei Quartieri, aver bevuto come un soldato americano, era sempre elegante. Mentre faceva lezione, le sue mani disegnavano l'aria e, contemporaneamente, i concetti matematici volavano per l'aula illuminando il buio della nostra ignoranza. In Caccioppoli il parallelismo tra entità numeriche e note musicali era sempre presente.

Due episodi per ricordarlo: un giorno alcuni giornalisti gli chiesero quale fosse la frase più importante che era mai stata detta al mondo. All'inizio lui si schermì: disse che così su due piedi non se la sentiva di stabilire quale fosse davvero quella più importante. Poi, dietro l'insistenza di tutti, si mise a pensare: chiuse gli occhi e restò in silenzio per circa tre minuti, forse quattro. Noi tutti non respiravamo. Alla fine, se Dio volle, alzò la testa e disse con tono grave e sussiegoso: «Al cuore non si comanda».

Un'altra volta lo accompagnammo a un comizio comunista in piazza Vanvitelli. Eravamo nel '48, l'anno del Fronte Popolare. Lui salì sul palco tra una selva di bandiere rosse. La banda suonò l'*Internazionale* e un dirigente del PCI lo presentò alle masse: «E ora, ecco a voi il compagno Caccioppoli!». Applausi scroscianti. Il professore prese il microfono e cominciò a dire: «Chi è il più grande criminale vivente? È Giuseppe Stalin!». Dopo di che invitò i presenti a non confondere la bellezza dell'idea comunista con la disonestà di coloro che, solo per fini di potere, se ne erano appropriati.

Caro Renato, mettici tu una buona parola da lassù

Certo che oggi ci si diverte molto di più "di sopra" che "di sotto". Mettere in piedi uno spettacolo in Paradiso con Totò, Peppino, Eduardo e Carosone deve essere uno scherzo! Il successo è assicurato. Le soprannominate anime beate, infatti, sono state i nostri papà del divertimento e ci hanno insegnato come prima cosa a sorridere. Attenzione: ho detto sorridere e non ridere. Eh già, perché una cosa è l'ironia del sorridere e un'altra è la comicità del ridere. *Puorte 'e cazune cu 'nu stemma arreto* [porti i calzoni con uno stemma sul di dietro] è una scelta di vita che abbiamo fatto a suo tempo per metterci a corteggiare, con modesti risultati in verità, la nostra *maruzzella* di turno, ovvero una ragazza costretta a tornare a casa prima dell'ora di cena e a non uscire mai, per nessuna ragione al mondo se non accompagnata da almeno un genitore. Alzi la mano chi non si è mai innamorato di una *maruzzella* del genere. Eppure, proprio grazie a Carosone, più di una volta la ragazza in questione ci ha fatto sognare a occhi aperti.

Sarà che il passato sembra sempre più bello del presente, certo è che eravamo molto più allegri allora che oggi. Magari avevamo poche lire in tasca, niente auto, niente motorino e, grazie a Dio, niente cellulare. Ricordo ancora la goliardia dei primi anni di università. Le canzoni degli anni Cinquanta, il barone Fanfulla da Lodi, le varie Osterie, e con esse le prime canzoncine di Renato Carosone: *'O Sarracino*, *Tu vuo' fa l'americano*, *Torero* e *Caravan Petrol*. Niente a che vedere, ovviamente, con i rap che, ammettiamolo, non ci hanno mai fatto sognare. Confrontiamo poi le facce che avevamo allora con le facce che hanno oggi i nostri nipotini. Siete mai entrati in una discoteca negli ultimi cinque anni? I ragazzi hanno sul viso un aspetto funebre che più funebre non si può immaginare. Quasi che avessero passato guai irreparabili. Vuoi vedere che è stato proprio il consenso delle attuali *maruzzelle* a togliere loro il piacere della conquista?

Caro Renato, vorrei che ci fosse un supercellulare in grado di farci parlare tu dall'aldilà e io dall'aldiquà. Ti terrei informato su tutto quello che accade in questa valle di lacrime, giorno per giorno. Per quanto riguarda oggi, purtroppo, ho solo brutte notizie: la benzina è di nuovo rincarata. Colpa questa del petrolio che in Italia non ci sta. D'altra parte tu ce lo avevi anticipato: "*Comme si' curiuso mentre scave 'stu purtuso, ca 'o petrolio nun ce sta*". E sempre a proposito di vecchie canzoni, anche con il calcio siamo messi maluccio: la nostra squadra del cuore, il Napoli, non va bene come una volta. Ma, a proposito, tu, dal Paradiso, non puoi fare niente? Magari una mattina ti metti a giocare a calcio con l'Altissimo e mentre giochi gli canti: "*Tu si' guaglione, va a juca' a pallone*", per poi chiedergli un piccolo miracolo.

Una giornata da reazionario

Il marchese Ottavio Gerosa di Santasevera ogni mattina è solito uscire dalla sua vecchia casa di via Carlo Poerio e avviarsi, *lento pede* come dice lui, verso il circolo nautico. Qualche volta per via Partenope, qualche volta se c'è troppo sole per via Chiatamone, la passeggiata del marchese non dura mai meno di mezz'ora. Con i suoi cinquantasei anni che sembrano quarantacinque e i capelli neri appena appena picchiettati di grigio, il marchese conserva l'aspetto tipico del gentiluomo anni Trenta, merito questo soprattutto delle scarpe bicolori e della gardenia bianca che da sempre ingentilisce il bavero delle sue giacchette.

Ottavio Maria Emanuele Gerosa, marchese di Santasevera e di Castelvenoso, non ha mai lavorato durante i cinquantasei anni finora vissuti. La marchesa madre (*maman*) ogni mattina gli fa trovare venti euro sul comodino e lui, compatibilmente con l'esiguità della cifra, amministra la stessa nell'arco della giornata in modo da difendere al massimo la dignità personale.

Al circolo il suo arrivo dà inizio a un cerimoniale oramai consolidato nel tempo. Sul terrazzo, se c'è sereno, o nelle sale interne, se c'è nuvolo, il marchese come prima cosa si fa leggere il giornale da Luigi, il primo cameriere (la stampa fresca sporca le mani e, come dice lui, qualche volta anche l'anima). La scena comunque è sempre la stessa: il marchese adagiato su una poltrona e Luigi impalato accanto a lui che gli legge i titoli.

Dopo la lettura e il commento ai fatti del giorno, si passa a un altro numero fisso del programma.

«Per colazione chi si è prenotato?»

«Fino a questo momento» dice Luigi «è venuto solo il commendatore Scaletti.»

«Giggi', quante volte te lo debbo ripetere che io con Scaletti non posso mangiare. Scaletti è un grossista di maglierie. A suo tempo gli ho votato pure pallina nera. Ora io capisco che qua i tempi non sono più quelli di una volta, però a tutto c'è un limite: io con Scaletti non posso mangiare. Aspettiamo un'altra mezzoretta e poi vediamo. Se non viene nessuno, me ne vado a mangiare con i marinai.»

«Sì, però signor marchese, non per mettere bocca, ma mi permetto di farvi presente che il commendatore Scaletti ci terrebbe moltissimo ad avervi come ospite e che...»

«Sì, sì, lo so; e so pure che ti ha promesso una bella mazzetta se riesci a convincermi. Però Giggino mio, fatti capace: i mercanti stiano con i mercanti e gli onesti con gli onesti.»

Ovemai non si fosse capito, il marchese ogni mattina era ospite di qualche socio del circolo. Quando ciò non accadeva, o per mancanza d'inviti, o per scarsa idoneità del socio invitante, Ottavio Gerosa, marchese di Santasevera, scendeva giù in cucina a mangiare con i marinai.

«Marchese, ma fatemi capire una cosa: voi con il commendatore Scaletti non ci volete mangiare e poi ve ne andate a mangiare con i marinai? Ora io mi domando: che vi ha fatto questo Scaletti che vi sta così antipatico?»

«A me non ha fatto niente e comunque niente mi avrebbe potuto fare, però appartiene sempre a una razza che non posso digerire: la borghesia. Se ti credi che mi sono scordato della Rivoluzione francese, ti sbagli di grosso. Ora tu sai quanto mi sta antipatico Carlo Marx? Eppure quella carogna una cosa giusta l'ha detta: la borghesia è la causa di tutti i mali del mondo! E lui queste cose le doveva sapere bene perché lui per primo era un fetentissimo borghese. Chi è il borghese? Uno che giudica gli altri dai soldi che tengono in tasca. Chi era Carlo Marx? Uno che ha messo il rapporto economico alla base della concezione della vita. Purtroppo per noi, la borghesia vince sempre.»

«Sì, ma voi, signor marchese, con i marinai...»

«I marinai fanno parte del popolo e il popolo è nobile. Essere nobili vuol dire essere fieri di quello che si è. Il borghese invece vorrebbe essere quello che non è: più ricco, più importante e via di seguito.»

«Però lavora.»

«Sissignore, lavora. E tu con questo mi hai voluto far rilevare che io invece non lavoro.»

«Per l'amor di Dio, signor marchese, non mi sarei mai permesso!»

«Giggi', la mia famiglia risale al XIII secolo. Un mio antenato combatté al fianco a Luigi IX nell'VIII crociata, quella di Tunisi. Io tengo cinquantasei anni. Ammesso e non concesso che trovassi un lavoro, quanto tempo potrei ancora lavorare? Cinque anni, massimo sei. E tu vorresti che rovinassi la tradizione di una famiglia che per sette secoli non ha lavorato per cinque o sei anni di stipendio? Giggi', non diciamo fesserie. Speriamo che si riesca a scippare qualche euro di più a quei fetentissimi inquilini e se no, pazienza: vuol dire che andremo a mangiare con il commendatore Scaletti.»

Il segreto per l'eterna giovinezza

L'emiro el-Bedir con il petrolio guadagnava quello che voleva, ovvero migliaia e migliaia di dollari all'anno.

Non sapeva più come spendere le sue enormi ricchezze. Possedeva decine di ville sparse un po' dovunque, in Arabia Saudita, in Europa e negli Stati Uniti. Aveva un harem di trentuno concubine, una per ogni giorno del mese, e un centinaio di servitori sempre pronti a soddisfare qualsiasi suo desiderio.

Nel frattempo il petrolio gli aumentava di prezzo ogni giorno. Fosse stato per lui lo avrebbe anche diminuito, se non altro per venire incontro ai Paesi più poveri, solo che non gli era consentito: era obbligato a mantenere i prezzi stabiliti dai suoi colleghi.

Un bel giorno, però, compiuti i cinquant'anni, s'inventa un nuovo modo per impiegare il denaro. Assume sette scienziati, tutti specializzati in biotecnologie, e decide di farsi clonare.

«Signori miei» dice loro, «ho deciso di far nascere un altro me stesso in modo da aver sempre a disposizione un magazzino ricambi. Non pretendo, però, che questo secondo el-Bedir abbia anche un cervello. Anzi, lo preferirei acefalo. Basta che cresca sano e forte in attesa di essere utile.»

Nessuno dei presenti fece obiezioni, se non altro perché

riceveva uno stipendio da favola e non era il caso di stare lì a sottilizzare con questioni di etica.

D'altronde il clone dell'emiro, in quanto acefalo, non avrebbe nemmeno sofferto. Appena nato, infatti, lo sdraiarono in un frigorifero orizzontale e gli misero sopra un coperchio di vetro in modo che l'emiro lo potesse vedere mentre cresceva.

Passano vent'anni. El-Bedir ha compiuto settant'anni e ha qualche piccolo disturbo al fegato.

In verità ci sarebbe anche un accenno di enfisema ai polmoni.

Qualcuno dei medici parla di doppio trapianto, qualcun altro, invece, consiglia al padrone di farsi trapiantare soltanto il fegato e di smettere di fumare.

Come al solito è lui, el-Bedir, ad avere l'idea geniale.

«Signori miei» dice ai sette scienziati riuniti in consiglio, «io vorrei attuare un unico trapianto, quello del cervello. Se è vero, infatti, che tra gli organi del corpo umano il cervello è quello che più di tutti resiste al tempo, voi adesso prendete il mio cervello e me lo trapiantate nel clone in modo che io possa ricominciare a vivere in un corpo giovane che ha soltanto vent'anni. Il corpo mio, invece, quello vecchio, lo facciamo rottamare.»

In pratica l'emiro el-Bedir aveva scoperto il segreto per l'eterna giovinezza.

Fantascienza?

Non lo so, potrebbe anche accadere.

La lettera di Platone o un telegramma di Aristotele?

Napoli, giugno 1948: esami di maturità al liceo Jacopo Sannazaro, versione dal greco. Eravamo in quaranta, ventotto interni (quelli della III E) e dodici privatisti dallo sguardo smarrito. Seduto dietro di me c'era un uomo dal viso segnato. A vederlo gli si sarebbero potuti dare anche trent'anni. Si chiamava Cancello ed era un reduce del fronte africano: aveva la barba lunga e i vestiti stropicciati. Tutto il suo aspetto era volutamente ricattatorio. Non fece in tempo a sedersi che mi sibilò in un orecchio: «*Uè, tu me 'a da' 'na mano, 'e capito!*», e io capii subito che non si trattava di una preghiera ma di un ordine.

Personalmente non ricordo di aver mai avuto paura durante gli esami di maturità, anche se all'epoca si portavano tutte le materie e per ognuna di esse gli ultimi tre anni. Certo: eravamo un po' provati fisicamente. Venivamo da due mesi di studio full time: giorno e notte sempre sui libri, sempre a leggere, sempre a ripetere ad alta voce e a interrogarci l'un l'altro. Passavamo, come se niente fosse, dalle guerre puniche alla trigonometria, dall'*Orlando furioso* alla formula dell'acido solforico. Mia madre, quando andavo a riposare, mi poggiava sulla fronte una patata cruda tagliata a fette. Diceva: "Le patate fanno bene alla memoria" e io ci credevo. Mio padre invece, in via eccezionale, mi faceva preparare per cena il merluzzo riscaldato. Poi, per giustificarsi con il resto della famiglia, aggiungeva: "*O guaglione* ha bisogno di fosforo!".

Quando il professore di greco entrò in aula con la busta della versione, prima dette uno sguardo scorbutico in giro, poi puntò diritto sul reduce che stava fumando. «Qua non siamo al *café chantant*, qua non si fuma» e gli strappò la sigaretta dalla bocca. «Gesù Gesù» rispose il reduce stupito, «io per quante licenze liceali ho fatto, ho sempre fumato!»

A dir la verità, la versione non fu molto difficile e poi noi interni eravamo bravini: durante l'anno scolastico c'eravamo molto allenati e i più in gamba erano capaci perfino di tradurre dal greco al latino, direttamente, senza passare per l'italiano. Il reduce invece non ci provò neppure; lui badava solo che io non mi distraessi. Ebbe la sua brava versione da copiare e alla fine, sorridendo, mi regalò una macchinetta per fare le sigarette a mano. «Ci vediamo domani» mi disse, e da quel momento mi prese sotto la sua protezione.

Su quaranta fummo promossi a giugno solo in nove. Io ero tra quelli: acchiappai la media del sette, con otto in matematica e otto in fisica. Mio padre, visti i risultati, stazionò perennemente accanto ai quadri, giù nell'androne, e indicava i miei voti a chiunque veniva a curiosare: «Questo è mio figlio» diceva con orgoglio, e poi, come se non fosse stato chiaro, aggiungeva: «Io sono il padre».

A parte l'affetto dei miei genitori, negli anni Quaranta non c'era l'abitudine di dare troppa importanza ai problemi dei giovani. Essere promossi veniva considerato soltanto un dovere, o per meglio dire, il minimo indispensabile per ripagare il padre di aver dato al figlio la possibilità di continuare gli studi fino al liceo.

Oggi non è più così: i diplomandi vengono seguiti, vezzeggiati, intervistati e coccolati, giorno dopo giorno, dai quotidiani, dal telegiornale, dai mass media e dagli stessi professori. Tutti vogliono conoscere il loro parere sulla difficoltà dell'esame. "La versione era troppo lunga e difficile, e poi era dal greco!" Oh, poverini, quanto ci dispiace! Vuol dire che la prossima volta per farli contenti, invece di una lettera di Platone, gli daremo da tradurre un telegramma di Aristotele.

Il sorteggio dei direttori

È inutile stare a criticare le nomine RAI, tanto è impossibile farle bene. Se le dividi per i partiti di governo, hai lottizzato, se le affidi a un solo partito, hai tentato il colpo di Stato, se scegli gente nuova, hai nominato degli inesperti, se prendi quelli che hanno un'esperienza, hai riciclato. Insomma, come la giri e la metti, sbagli sempre.

L'unica soluzione è inventarsi un nuovo sistema a metà strada tra la lottizzazione e il sorteggio. E allora ecco la mia proposta: ogni partito, in base ai voti ricevuti alle ultime elezioni, propone un certo numero di candidati, tra i quali, poi, in un secondo momento, viene effettuato un sorteggio. Così facendo, nessuno potrà più imprecare, se non contro la cattiva sorte.

Quello del sorteggio è un meccanismo elettivo di vecchia data. Aristotele, nella *Costituzione* degli ateniesi, lo consiglia caldamente attribuendone la paternità nientemeno che al saggio Solone. All'epoca ogni partito stilava un elenco di cittadini meritevoli e tra questi aveva luogo un gigantesco sorteggio. Che anche gli Dei si prendano la loro responsabilità, sembra volessero dire gli ateniesi.

E, a proposito di Dio, come non ricordare che, quando si trattò di rimpiazzare il dodicesimo apostolo, dopo il tradimento di Giuda, fu effettuato un sorteggio tra Mattia e un certo Giuseppe il Giusto?

«Tu, o Signore, che conosci il cuore di tutti» implorarono gli apostoli «mostraci chi di questi due è il più adatto a prendere il posto lasciato dall'infame traditore.»

"Et dederunt sortes eis et cecidit sors super Matthiam", ovvero gettarono i dadi e la sorte designò Mattia.

Lo stesso potrebbe attuarsi ogniqualvolta c'è da fare un ballottaggio. Esempio: quando la distanza tra i suffragi ottenuti dai due aspiranti sindaci è inferiore al dieci per cento, invece di ricorrere al secondo turno, si mette su un bel sorteggio, magari con annesso spettacolo televisivo, bambino bendato, ballerine vestite con i colori dei candidati, e coro inneggiante al vincitore. Tra l'altro si potrebbe accoppiare il tutto a una grande lotteria nazionale, in modo da coprire pure le spese elettorali.

Un po' come si faceva nel Seicento a Genova, quando, per nominare i cinque membri dei Serenissimi Collegi, venne inventato il gioco del Lotto. Il sorteggio lo si effettuava in piazza: i candidati avevano al collo una tavoletta con il numero di gara, e il popolo scommetteva sui cinque numeri estratti. Alla fine erano tutti contenti, i possessori dei biglietti vincenti, i membri eletti e perfino quelli non eletti: quanto meno non erano stati sconfitti dagli avversari, ma dalla sorte.

Se in Italia, dal dopoguerra a oggi, fosse stato adottato il sorteggio come metodo elettivo per il secondo turno, non avremmo avuto quarant'anni di regime democristiano: prima o poi qualche elezione la DC l'avrebbe persa.

Altro utilizzo del sorteggio potrebbe essere quello delle gare negli appalti; più il Caso diventa determinante in una scelta e più il sistema delle tangenti si troverebbe in difficoltà. La bustarella, per esempio, consegnata qualche giorno "prima" dell'assegnazione risulterebbe impossibile.

Per concludere, esistono tutte le premesse per fondare un nuovo partito: la DC ovvero la Democrazia Casuale, oppure il PCI, il Partito Casuale Italiano, o anche il PSI, il Partito Stocastico Italiano, dove per stocastico bisogna intendere aleatorio, dovuto alla casualità.

Oddio, solo adesso mi accorgo che DC, PCI e PSI non andrebbero bene: sono sigle già usate e potrebbero ingenerare malintesi. Certo è che in Italia stiamo messi proprio male se neppure per le sigle riusciamo a trovare qualcosa di nuovo.

Sono solo canzonette

Due ragazzi salernitani hanno riciclato *Faccetta nera* su ritmi moderni ed è successo il finimondo: polemiche a non finire, accuse di apologia del fascismo e di disprezzo verso la Resistenza. Va' a capire il perché di tutto questo polverone. *Faccetta nera* è sempre stata una canzoncina innocua che, almeno nelle intenzioni, si proponeva un solo obiettivo, perdipiù antirazzista, quello di far diventare romana una fanciulla nata e cresciuta in Etiopia, cosa che poi si è puntualmente verificata, dal momento che basta andare la domenica alla Stazione Termini per rendersene conto. Ora, io sono abbastanza vecchio per ricordare la prima uscita della canzone. La propaganda fascista, all'epoca, per convincere gli italiani a partire per l'Africa Orientale, pensò bene di puntare più sull'erotismo che sull'eroismo. Faccetta nera, infatti, vestita in modo sommario, attirava molto di più il nostro soldato che non il miraggio di una medaglia al valore; posso giurarlo per averlo constatato di persona.

Mio zio Luigi, tornando dalla guerra d'Africa, portò con sé la foto di una fanciulla di colore, un po' bruttina in verità, però a seno completamente nudo, e tanto bastò per far salire il sangue alla testa a tutti i balilla di via Marino Turchi 31 a Santa Lucia. Quattro di noi, non appena il reduce usciva, si chiudevano nella sua stanza e, dopo aver messo la foto bene in vista sulla scrivania, peccavano tra mugolii di piacere che non avevano nulla di umano. Non ci dimentichiamo, comunque, che a quei tempi non era ancora stato inventato "Playboy", né c'erano trasmissioni televisive sul tipo di *Colpo grosso*.

L'infatuazione per Faccetta nera, e per le africane in genere, aumentò a dismisura il giorno in cui, durante una visita alla Triennale d'Oltremare, vedemmo la fezzanese Manubia esibirsi in una danza del ventre. Mai e poi mai avremmo potuto supporre che un corpo di donna fosse capace di manifestare tanta sensualità, solo muovendo una piccola parte di sé, quasi possedesse un'anima decentrata. Perfino zio Luigi, che pure ne aveva viste di cotte e di crude, non poté fare a meno di esclamare: "Gesù, Gesù: a questa le manca solo la parola!". Le tette di Faccetta nera, sommate al ventre di Manubia, crearono in noi una sana coscienza democratica e antirazzista che ancora oggi non ci abbandona.

Un brutto giorno zio Luigi si accorse che la foto appariva... come dire... logorata dall'uso, e allora pensò bene di chiuderla a chiave in un cassetto del comò. Noi balilla del duce, però, non ci facemmo scoraggiare per così poco: Filuccio, il figlio del portiere, alto e magrissimo, tolse il cassetto superiore e, allungando un braccio scheletrico, reso ancora più scheletrico dalla fame, riuscì a prendere la foto con la punta delle dita.

Il tempo passa e i ricordi vengono filtrati dalla vita vissuta. Ora, io penso che, se si giudica il passato, non lo si può demonizzare in blocco, come se fosse un unicum da prendere o lasciare; altrimenti dovremmo cancellare pure il coro del *Nabucco* e la *Nona sinfonia* di Beethoven, solo perché ebbero la sfortuna di essere eseguiti, spesso e volentieri, durante i saggi ginnici del deprecato ventennio. La verità è che è degli uomini, e non delle canzoni, che ci dovremmo preoccupare.

Un sogno a prezzi stracciati

Quando c'è una grossa vincita al Superenalotto non si sente parlare d'altro. E qualsiasi altra somma che non sia quella stratosferica del montepremi è considerata robetta da pezzenti. Vi piaccia o no, questa è la situazione.

Ma come nasce il Lotto? È storia vecchia: risale addirittura a oltre quattrocentotrenta anni fa, e per la precisione al 1576. Si chiamava *Gioco del Seminario* e nacque a Genova. Dovendo eleggere tre Consiglieri della Repubblica e due Procuratori, venivano convocati in piazza novanta padri di famiglia, tutti ovviamente di specchiata onestà. Ognuno dei candidati aveva un numerino appeso al collo e il popolo scommetteva sui cinque numeri che sarebbero stati estratti. Un terzo delle scommesse andava al vincitore e due terzi agli organizzatori. Il gioco fu dapprima osteggiato e in seguito gestito in proprio dalle autorità. Detto in altre parole, le autorità si accorsero che era un modo quanto mai pratico per scippare un po' di soldi alla povera gente.

Ottant'anni dopo alcuni mercanti genovesi si trasferirono a Napoli e ripeterono l'iniziativa. Non essendoci, però, consiglieri da eleggere, furono scelte novanta ragazze da marito, tra le quali sorteggiare cinque corredi di nozze. Il *Gioco del Seminario* allora cambiò nome e venne chiamato

Gioco delle Bonafficiate, ovvero delle Beneficate, e ancora oggi, nei quartieri popolari, c'è qualcuno che lo chiama così. Per la cronaca, la prima estrazione avvenne il 24 aprile del 1657 e furono estratti i seguenti numeri: 18, 36, 41, 46 e 70.

Dalle mie parti il gioco del Lotto è una cosa seria. In un paese dove i problemi esistenziali passano in secondo ordine rispetto a quelli economici, fa più presa una per quanto lontana speranza d'incasso, che non una scoperta ufologica o un'attesa messianica. Nascono così intorno al Lotto alcuni mestieri nuovi: primo fra tutti quello dell'*assistito*, ovvero di un individuo che, essendo "assistito" da forze soprannaturali, è in grado di consigliare, a pagamento, i numeri della prossima estrazione.

E qui entra in ballo il Purgatorio. Tra i napoletani e le anime del Purgatorio nasce un patto di mutua assistenza: il napoletano vivo prega per le anime dei morti e le anime a loro volta si disobbligano venendo in sogno, o al napoletano stesso, o all'assistito dal quale lui si serve. Per maggiori dettagli consultare i libri di Matilde Serao e di Giuseppe Marotta. A detta degli esperti, per ogni milione di abitanti ci dovrebbero essere almeno settantadue assistiti. Celebri assistiti furono Cagli Cagli, 'o Monaco Sapunaro, 'o Servitore 'Mbriaco, 'o Buttiglione e 'o Monaco Rattuso. Quest'ultimo per comunicare i numeri "toccava" le clienti in alcune parti del corpo, ciascuna delle quali aveva un suo numero nella Smorfia. Per esempio: il naso "faceva" 43, un orecchio 14, il seno 28, il sedere 16, il seno e il sedere toccati contemporaneamente 44 (28+16).

Riassumendo, il problema non è tanto vincere quanto sognare, e non si può negare che questa volta lo Stato ha messo a disposizione del popolo un sogno a prezzi stracciati.

Il sodalizio dei nati due volte

Cari amici, e mi rivolgo a tutti i cinquantenni e più che, come me, un giorno sono rinati; ebbene noi, amici carissimi, che siamo nati una seconda volta, dobbiamo formare un sodalizio, una congrega solidissima, un'ideale fratellanza vissuta sotto una stessa bandiera: quella appunto della rinascita. E ora vi spiego perché.

Voi, che per tanti anni avete svolto un lavoro "serio", professionale, impegnativo, facendo tacere o fingendo di non ascoltare quel ronzio continuo, insistente che vi suggeriva di scrivere, di dipingere, di fare poesia, ora siete rinati.

"Io sono in pensione... i figli sono grandi... la casa è vuota... posso dedicarmi a ciò che avevo sempre sognato di fare, così, da dilettante, tanto per passare il tempo." Ecco l'errore, il vostro hobby non è un riempitivo; qua l'anagrafe deve intervenire: "Il signor Tizio e la signora Caia sono nati oggi, addì ecc. ecc." e segue la data in cui finalmente avete potuto prendere in mano, con dedizione totale, assoluta, il pennello o la penna o qualunque altro arnese che vi faccia sentire artisti a tutti i titoli.

Guardate me: Luciano De Crescenzo, anni venticinque (un momento, parlo di qualche annetto fa), giovane laureato in ingegneria, assunto all'IBM, promettente carriera.

("Che bellezza, un posto sicuro; Gesù, è una fortuna" diceva mia sorella.)

Per circa vent'anni il giovanotto brillante e fortunato faceva quelle cose che la sua promettente carriera gli imponeva, ma sempre con quel ronzio dentro "scrivi, scrivi, fai nascere persone, situazioni, storie...". Ero appassionato di filosofia e mi pareva che Democrito, Empedocle, Pitagora mi apparissero dentro il computer e mi dicessero, chiamandomi con il gesto della mano: "*Facce ascì...*" in napoletano, perché i "miei" presocratici erano un po' napoletani anche loro.

Un giorno ebbi l'influenza, stetti a casa una settimana, ritornai al lavoro e chiesi alla segretaria: «Chi mi ha cercato?». «Nessuno» mi rispose. Diedi le dimissioni, mia sorella urlò: «Gesù, è pazzo!».

Cominciò allora una vita modestissima, attenta alle spese. Avevo voglia di andare all'anagrafe e dire: "Per piacere, cancellate la data precedente e scrivete che Luciano De Crescenzo è nato oggi".

Bisognerebbe sempre ricominciare da capo, avere una seconda vita, come chi ha un secondo lavoro.

Ecco perché dobbiamo fondarla questa congrega: quella dei nati due volte.

«Il caffè sospeso»
di Luciano De Crescenzo
Oscar
Mondadori Libri

Questo volume è stato stampato
presso ELCOGRAF S.p.A.
Stabilimento - Cles (TN)
Stampato in Italia. Printed in Italy